Der Handlungsbegriff

in seiner Bedeutung

für das Strafrechtssystem.

Zugleich ein Beitrag zur Lehre von der rechtswissenschaftlichen Systematik.

Von

Dr. Gustav Radbruch.

Berlin 1903.
J. Guttentag, Verlagsbuchhandlung,
G. m. b. H.

HERRN

HEINR. GEORG BERNH. RADBRUCH

KAUFMANN IN LÜBECK

MEINEM LIEBEN VATER
DANKBAREN HERZENS

GEWIDMET.

Die Abkürzungen

sind die von v. Liszt in seinem Lehrbuche des Deutschen Strafrechts eingeführten.

Übersicht.

Erster Teil.

Über rechtswissenschaftliche Systematik.

I—X.

Zweiter Teil.

Der Handlungsbegriff in seiner Bedeutung für das Strafrechtssystem.

I—V.

Erster Teil.

Über rechtswissenschaftliche Systematik.

I.

Darüber, daſs die Rechtswissenschaft „eine im eminenten Sinne systematische Wissenschaft“ [1]) sei, herrscht Einigkeit.

Die Uneinigkeit beginnt aber sofort bei der Frage, welcher Art ihre Systematik sei: ob sie nur ein System besitze oder in deren mehrere zerfalle; ob ihr System ein System von Rechtssätzen oder von Rechtsbegriffen oder von Rechtssätzen und Rechtsbegriffen sei; ob es ein System der Begriffe von den Tatbeständen einer-, den Rechtsfolgen andererseits oder eines der Rechte oder eines der Rechtsverhältnisse sei. Alles dieses ist behauptet worden.

Dieser Uneinigkeit in der Theorie der Systematik entspricht Unklarheit in ihrer Praxis. In dem gleichen Systeme liegen oft Ansätze zu Systemen nach Staaten, Rechtsdisziplinen, Tatbeständen, Rechtsfolgen, Rechten und Rechtsverhältnissen nebeneinander, ohne daſs man erführe, wie sich diese Elemente zu einem einzigen Systeme zusammenschlieſsen sollen.

Bei der Schwierigkeit der hier einschlagenden Fragen — ist doch nach Wundt [2]) die Jurisprudenz die

---

[1]) Wundt, Logik II 2. 2. A. 1895. S. 581.

[2]) a. a. O. S. 582.

„komplizierteste aller Wissenschaften“ — ist auch weder das eine, noch das andere, weder die theoretische Uneinigkeit noch die praktische Unklarheit, verwunderlich. Verwunderlich ist nur, dafs man fortwährend die Phrase von der Bedeutung des Systems für die Jurisprudenz im Munde führen konnte, ohne sich — mit einer Ausnahme[1]) — jener Uneinigkeit überhaupt bewufst zu werden, und ohne zu versuchen, diese Unklarheit[2]) zu beheben.

Die vorliegende Schrift will das Problem in beiden Richtungen in Angriff nehmen. Im ersten, einleitenden, Teile behandelt sie die Frage des Rechtssystems prinzipiell, im zweiten, Haupt-, Teile wendet sie die prinzipiellen Ergebnisse auf eine spezielle Frage an. Sie bleibt sich dabei wohl bewufst, dafs „die beste Säuberung der chirurgischen Instrumente nicht die geschickte Hand ersetzen könne, welche das Messer lenkt, und die beste Reinigung des Küchentopfs uns keinen Braten biete“,[3]) schätzt aber dennoch die Säuberung der Instrumente und die Reinigung des Küchentopfs oder, gegebenenfalls, das Bewufstsein, mit sauberen Instrumenten operiert zu werden und aus reinen Töpfen zu essen, für einen der Bemühung der Leser und des Verfassers werten Gewinn.

---

[1]) Eltzbacher, Rechtsbegriffe. 1899. S. 5.

[2]) Dafs man sich ihrer freilich bewufst geworden ist, zeigt für das Strafrecht der Umstand, dafs es zur Aufstellung eines herrschenden Systems bei uns (anders in den romanischen Ländern!) nicht gekommen ist, dafs vielmehr jedem Schriftsteller das System jedes andern mifsfällt und jeder sein eignes besitzt. Im bürgerlichen Recht ist man dagegen an dem ein Jahrhundert alten Hugo-Heiseschen Pandektensystem kaum irre geworden. Eine Ausnahme: Zitelmann, Gefahren des BGB. 1896 S. 25 und Recht des BGB. I 1900 S. V.

[3]) Kohler, Z. f. vgl. RW. IV S. 293 (Besprechung von Pfersche: Methodik der Privat. RW. 1881).

II.[1])

Die Logik unterscheidet, ohne uns eine scharfe Definition des Systembegriffs zu geben, zwei Arten von Systemen: systematische Deduktionen und systematische Klassifikationen. Man mag an Spinozas Ethik einerseits, Linnés Pflanzensystem andererseits denken.

Die systematische Deduktion ist ein System von Urteilen und ein System der Entwickelung. Aus einer Mindestzahl von Urteilen (Axiomen oder Prinzipien) wird hier durch ein Schlufsverfahren eine Höchstzahl anderer Urteile (Lehrsätze) entwickelt.

Die systematische Klassifikation ist ein System von Begriffen und ein System der Anordnung. Einem Begriffe werden hier durch eine Folge divisiver Subsumtionsurteile eine Anzahl anderer Begriffe als seine Arten und deren Unterarten untergeordnet.

Umgekehrt vermag weder ein System von Urteilen der Anordnung noch ein System von Begriffen der Entwickelung zu dienen.

Der Entwickelung dient ein Schlufsverfahren, Bestandteile eines Schlusses aber können nur Urteile, nicht auch Begriffe sein. Ein Begriff kann also nicht aus einem anderen Begriffe entwickelt werden und ein System von Begriffen deshalb auch nicht der Entwickelung dienen.

Der Über- und Unterordnung andererseits dienen divisive Subsumtionsurteile, ein Urteil, dessen Subjekt und Prädikat wiederum Urteile wären, ist aber nicht auszudenken. Urteile können also einander nicht über- und untergeordnet werden, und mithin kann ein System

---

[1]) Vgl. etwa Sigwart, Logik II. 2. A. 1893. S. 695ff., Trendelenburg, Log. Untersuchungen II. 1840. S. 335.

von Urteilen auch nicht der Über- und Unterordnung dienen.

Freilich bringt es, wenn auch nicht eine Über- und Unterordnung, so doch eine gewisse Anordnung dadurch zustande, dafs die Folgesätze zum Teil aus den Axiomen nicht unmittelbar, sondern erst durch Vermittelung unmittelbarer Folgesätze hervorgehen. Aus den Axiomen „a ist b“, „b ist c“, „c ist d“ folgt unmittelbar nur, dafs a c, und, dafs b d ist. Während aber die Anordnung nach Gattung und Art bei der Klassifikation uns befähigt, die weiteren und engeren Gattungsbegriffe einer konkreten Vorstellung zu bestimmen, ohne jeden einzelnen Begriff des Systems daraufhin zu untersuchen, entbindet uns die notwendige Reihenfolge der Folgesätze bei der Deduktion nicht davon, uns, wenn wir feststellen wollen, ob ein bestimmter Satz aus den Axiomen direkt oder indirekt folge, die ganze Fülle der mittelbaren und unmittelbaren Schlüsse aus den Axiomen vor Augen zu führen. Dasjenige, worin man bei der Deduktion eine Anordnung sehen mag, ist eine solche also in ganz anderm Sinne und ohne den Nutzen wie die Anordnung bei der Klassifikation.

Gehen somit Klassifikation und Deduktion in ihren näheren Zwecken auseinander, so treffen sie sich in ihren entfernteren Zwecken. Sie sind beide Methoden nicht der Forschung, sondern der Darstellung.[1]) Bei der Klassifikation, dem Systeme der Anordnung, leuchtet dies ein. Aber auch bei der Deduktion, die man, auf das Verhältnis des Folgesatzes zum Axiom blickend, als System der Entwickelung, auf das Verhältnis des Axioms

---

[1]) Vgl. Wundt, Logik II 2. 2. A. 1895. S. 39. Sigwart, Logik II. 2. A. 1893. S. 695.

zum Folgesätze blickend, als System des Beweises bezeichnet, trifft es zu. Die Folgesätze enthalten bei ihr nichts, was nicht schon in den Axiomen enthalten gewesen wäre. Neue Erkenntnisse — d. h. neu vom Standpunkte des logischen Ideals, nicht der psychologischen Wirklichkeit — vermag immer nur die Induktion zu liefern.

Zur Induktion verhält sich nun die Deduktion wie die Probe zur Rechnung. Sie zieht aus den induzierten Sätzen alle überhaupt möglichen Schlüsse. Zeigt sich dabei, dass man mittels jener Sätze alle wirklich beobachteten Tatsachen beweisen und keine der Wirklichkeit widersprechenden Behauptungen entwickeln kann, so dürfen wir annehmen, dass jene Sätze den Tatsachen entsprechen, also richtig induziert sind. So wird es verständlich, wie die Methode der Darstellung eine andere sein könne als die der Forschung; die Darstellung des Erforschten beweist gleichzeitig für die Richtigkeit der Forschung.[1])

Während mithin Klassifikation und Deduktion nicht der Ermittelung „neuer" Erkenntnisse, sondern nur der Darstellung bereits ermittelter Erkenntnisse dienen, dient die Deduktion, nicht aber auch die Klassifikation, zugleich der Bestätigung bereits ermittelter Erkenntnisse. Die Deduktion steht also insoweit der Forschung um einen Schritt näher als die Klassifikation.

In welchem Verhältnisse stehen nun die Zwecke der Deduktion und der Klassifikation zu einander? Welcher Zweck ist der dienende und welcher der herrschende?

---

[1]) Vgl. J. St. Mill, System der deduktiven und induktiven Logik, übersetzt von Gomperz. 2. A. I. 1884. S. 209ff.

Nach den Darstellungen mancher Logiker hat die Deduktion die Klassifikation zur Voraussetzung. Eine Deduktion besteht aus Schlüssen und mindestens eine der Prämissen eines Schlusses ist ein Subsumtionsurteil; ob aber ein Begriff sich einem andern subsumiere, lehrt nur eine Klassifikation der Begriffe.

Dabei ist aber nicht zu vergessen, dafs der Unterschied zwischen Deduktion und Klassifikation, zwischen Urteil und Begriff nicht etwa in der Weise zu denken ist, dafs ein Denkinhalt an die Form des Urteils, ein anderer an die Form des Begriffs gebunden wäre, jener nur deduziert, dieser nur klassifiziert werden könnte, vielmehr kann man jeden Denkinhalt aus der Form des Urteils in die Form des Begriffs umdenken, also auch sowohl deduzieren wie klassifizieren. Es können also auch die Axiome und Lehrsätze einer Deduktion in die Begriffsform umgedacht und zum Gegenstand einer Klassifikation gemacht werden. Und dieser mufs sogar geschehen, denn die Deduktion ist nur ein Entwickelungs- bezw. Beweisverfahren, das fertige Wissen mufs dagegen in der Form von Begriffen niedergelegt und klassifiziert werden, um sodann seinerseits neuen Deduktionen zur Grundlage dienen zu können.

Nach dem Gesagten stellt sich das Verhältnis zwischen Deduktion und Klassifikation folgendermafsen: Jede Deduktion setzt eine Klassifikation voraus und dient wiederum einer Klassifikation zur Voraussetzung. Die erste Klassifikation ist ein System derjenigen Begriffe, welche in den Axiomen und Lehrsätzen der Deduktion als Subjekte und Prädikate vorkommen, die zweite Klassifikation ist ein System der Begriffe von den gleichen Denkinhalten, welche in der Deduktion als Axiome und Lehrsätze, also in Urteilsform, auftreten.

III.

Der Rohstoff der Rechtswissenschaft besteht (vorläufig abgesehen vom Gewohnheitsrecht) in den Sätzen unserer Gesetze und Gesetzbücher. Diese Gesetzessätze zerfallen nach Thöl in berechtigende, verneinende und begriffsentwickelnde, nach Windscheid in berechtigende, verneinende und deklaratorische, nach Gierke in berechtigende und verpflichtende einer-, deutende andererseits.

Es dürfte Einigkeit darüber erzielt sein,[1]) dafs die verneinenden, begriffsentwickelnden, deklaratorischen, deutenden Gesetzessätze ihre Sonderexistenz lediglich redaktionellen Gründen verdanken. Sie dienen nur dazu, den Inhalt der übrigen Sätze einzuschränken und zu erläutern, beruhen also auf zu weiter und nicht genügend klarer Fassung der letzteren. Der erste Schritt in der wissenschaftlichen Verarbeitung der Quellen hat deshalb ihre Einarbeitung in den Rest der Sätze, d. h. eine Formulierung dieser Sätze zu sein, welche die verneinenden, begriffsentwickelnden u. s. w. überflüssig macht.

Die Rechtssätze, in welche sie auf diese Weise aufgehen, haben mannigfache Form: teils berechtigende, gewährende, erlaubende, teils verpflichtende und wiederum gebietende oder verbietende. Sie stimmen nur darin überein, dafs sie ihrer logischen Natur nach sämtlich bedingte Urteile sind. Bedingung ist ein Tatbestand,[2]) bedingt eine Rechtsfolge.

---

[1]) Vgl. neuestens Eltzbacher, Handlungsfähigkeit I. 1903. S 43 ff. Hold v. Ferneck, Rechtswidrigkeit I. 1903. S. 107—109.

[2]) Für die Verwendung dieses Begriffs auch im Zivilrechte insbesondere: Bekker, Pandekten II. 1889. S. 1—3. Eltzbacher, Handlungsfähigkeit I. 1903. S. 63 f.

Je nach seiner Ansicht vom Wesen der Rechtsordnung hat man nun zweitens sämtliche Rechtssätze in berechtigende oder in verpflichtende oder nach gewissen Regeln teils in berechtigende, teils in verpflichtende Form zu überführen. Bei der Überführung in die berechtigende Form bewahren sie ihre logische Gestalt als bedingte Urteile. Ihre Übersetzung in Verpflichtungen macht sie dagegen, indem sie den in der Eingangsformel des Gesetzes: „Ich, der Gesetzgeber, verordne, was folgt", gelegenen Befehl in jeden einzelnen Rechtssatz einbezieht, zu Normen, bedingten Imperativen.[1])

Nur Urteile, nicht aber Imperative erlauben aber aus ihnen Schlüsse zu ziehen,[2]) wie dies doch Theorie und Praxis gleicherweise fortwährend müssen, wenn sie den Rechtsstoff vollständig entfalten oder einer Rechtsregel einen konkreten Tatbestand unterordnen wollen. Die Imperative sind also drittens von neuem in die Urteilsform zu überführen, und dem steht nichts im Wege: Der Imperativ wird zum Urteil dadurch, daſs man ihn als Objekt in jene Eingangsformel: „Ich, der Gesetzgeber, verordne" einläſst.[3])

Ein Gleiches hat übrigens aus gleichen Gründen auch mit den berechtigenden Rechtssätzen zu geschehen. Gleich den Imperativen, sind ja auch sie nur individuelle Aussprüche des Gesetzgebers, für den Rechtsgelehrten also Aussprüche eines Dritten. Solche sind aber für den Dritten, wie hier weiter auszuführen nicht der Platz ist, nicht Urteile, aus denen es Schlüsse ziehen könnte,

---

[1]) Vgl. Pfersche, Methodik der Privatrechts.W. 1881. S. 73 ff.

[2]) Vgl. Sigwart, Logik I. 2. A. 1889. S. 17—19. Zitelmann, Irrtum und Rechtsgeschäft. S. 221/223. Eltzbacher, Handlungsfähigkeit I. S. 39. Anm. 1.

[3]) Vgl. Bierling, Juristische Grundbegriffe II. 1883. S. 300—304.

sondern nur der Gegenstand solcher Urteile,[1]) des Inhalts, daſs gewisse Personen diese Aussprüche tun, also im vorliegenden Falle, daſs der Gesetzgeber den Inhalt des berechtigenden Satzes verordnet.

Diese Andeutungen sollen nur dazu dienen, darzutun, daſs mag man die imperativische Natur allen Rechts anerkennen oder leugnen, der Rechtsstoff in seiner zur wissenschaftlichen Bearbeitung reifen Form allemal in Urteilen, Lehrsätzen, besteht. Daſs diese Urteile nach den beiden Ansichten einen erheblich verschiedenen Inhalt haben, interessiert hier noch nicht.

Das Gewohnheitsrecht wird, wenn auch aus anderer Gestalt und auf anderem Wege, schlieſslich doch in die gleiche Form gebracht.

Das für beide Ansichten vom Wesen des Rechts und für beide Erscheinungsformen des Rechts zutreffende Ergebnis, daſs der Stoff der Rechtswissenschaft schlieſslich in Urteilen besteht, scheint nun zu der Annahme zu berechtigen, daſs das Rechtssystem ein System von Urteilen, also ein System der Entwickelung, eine systematische Deduktion sei.

In der Tat besteht in der Deduktion des gesamten (d. h. nicht nur des vom Gesetzgeber ausgesprochenen, sondern auch des von ihm unausgesprochen gelassenen) Rechtsstoffs aus einer Mindestzahl von (durch vollständige oder unvollständige Induktion aus dem ausgesprochenen Rechtsstoff gewonnenen) Prinzipien die Hauptaufgabe bei der Darstellung der Rechtswahrheiten.

Auch in der Rechtswissenschaft ist die Deduktion

---

[1]) Vgl. auch Eltzbacher, Rechtsbegriffe. 1899. S. 19.

[2]) Vgl. über die Rechtsdeduktion Burk. Wilh. Leist, Über die dogmatische Analyse römischer Rechtsinstitute. 1854. S. 99ff.

nichts anderes als nach unsern logischen Vorbemerkungen überall anderwo: nichts als eine Form der Darstellung. Alle Erkenntnis, und so auch die juristische, kommt von der Erfahrung, der Induktion her. Die Rechtsprinzipien, aus denen deduziert wird, sind gewonnen durch Induktion aus den vom Gesetzgeber ausgesprochenen Rechtssätzen (auch Reduktion oder Konstruktion dieser Sätze genannt[1]). Diese Induktion ist entweder eine vollständige: dann ergibt die Deduktion keinen Satz, der nicht bereits im Gesetze enthalten gewesen wäre. Oder aber sie ist eine unvollständige: dann ergibt die Deduktion zwar noch andere Sätze, als das Gesetz enthält; aber weit entfernt davon, daſs diese Sätze schon deshalb Geltung hätten, weil sie aus dem induzierten Prinzip folgen, erweisen sie vielmehr umgekehrt, daſs diese Prinzipien falsch induziert sind, falls die aus ihnen folgenden Sätze nicht Geltung haben, nicht in der Erfahrung ihre Bestätigung finden. Was bedeutet aber diese Erfahrung? Kann sie doch nicht bedeuten die Ersichtlichkeit im Gesetzestexte, da ja gerade gesetzt wurde, daſs die Deduktion in ihm nicht enthaltene Sätze herausstelle. Die Erfahrung bedeutet — ich scheue das zu Unrecht verpönte Wort nicht — das Rechtsgefühl.

Daſs wir täglich und stündlich mit dem Rechtsgefühl arbeiten, ist unschwer zu erweisen.[2]) Ein aus dem Gesetze durch unvollständige Induktion gewonnenes Prinzip können wir gar nicht anders widerlegen, als indem wir es ad absurdum führen, d. h. indem wir aus ihm absurde

---

[1]) Vgl. Gustav Rümelins Rektoratsrede über „Werturteile und Willensentscheidungen im Zivilrecht". S. 38/39.

[2]) Auf die im Text folgende Erscheinung bin ich durch einen mündlichen Hinweis des mir befreundeten Herrn Dr. Hermann U. Kantorowicz aufmerksam geworden.

Folgesätze ziehen und damit die Absurdität der Grundsätze beweisen. Aber woher wissen wir, dafs der absurde Folgesatz wirklich absurd ist? Nicht aus dem Gesetze, denn dieses hat ja die Induktion des Grundsatzes zugelassen. Man pflegt also zu sagen: aus der „Natur der Sache“, dem „Geiste des Gesetzes“. Aber es ist wirklich an der Zeit, diesen Geist zu bannen und ihn zu erkennen als der Herren eignen Geist, in dem das Gesetz sich bespiegelt. Wissen wir doch hinlänglich, dafs Persönlichkeiten, ungewifs durch ihr eignes Gewicht zu wirken, sich in das blendende Gewand irgend einer „guten Sache“ zu verkleiden pflegen. Es bleibt also nur das individuelle Rechtsgefühl, individuelle „Werturteile und Willensentscheidungen“, individuelle Überzeugung vom „richtigen Recht“, deren Bedeutung Stammler ebenso genial erkannt hat, wie er vergeblich versucht hat, sie zu einer wissenschaftlichen, objektive Wahrheiten liefernden Methode zu erheben, die vielmehr, wie alle Einsicht in das, was sein soll, immer „unmittelbare Erkenntnis“, Intuition bleiben wird.[1])

Es ergibt sich eine reinliche Gebietstrennung: Zur richtigen Rechtsinduktion bedarf es des Gefühls für das richtige Recht, das (velle non discitur) nicht erlernbar

---

[1]) Vgl. Gustav Rümelin, Werturteile und Willensentscheidungen. S. 47—48.

Ein paar beliebig herausgegriffene Beispiele: v. Liszt, Str. R. 9 A. S. 182 Anm. 6: Bei strengerer Bestrafung der bewufsten Fahrlässigkeit „würde der umsichtige Täter, welcher die entferntesten Folgen ängstlich zuvor erwägt und nach sorgfältiger Prüfung die Kausalität ablehnt, ungleich strenger behandelt als der gedankenlose Bummler“. Deshalb keine strengere Bestrafung der bewufsten Fahrlässigkeit. — S. 223 Anm. 8: „Die ‚subjektive Theorie‘ scheitert rettungslos daran, dafs sie den, der mit ‚sich unterordnendem Willen‘ die Haupthandlung begeht, als Gehilfen betrachten

ist. Zur richtigen Rechtsdeduktion bedarf es nur logischer Denkfähigkeit. Die Überschätzung des logischen Elements in der juristischen Methode scheidet den Zufallsjuristen vom geborenen Juristen.

Folgt also, dafs die Rechtsdeduktion nur Darstellungsform und nur die Rechtsinduktion Forschungsmethode ist, so folgt aber auch andererseits, dafs die deduktive Darstellung zugleich die Richtigkeit der Induktion bestätigt. Wenn die induzierten Prinzipien alle im Gesetze ausgesprochenen Sätze beweisen und wenn alle sonst aus ihnen entwickelten Sätze mit unserm Rechtsgefühl übereinstimmen, so ist damit die Richtigkeit der Induktion erwiesen, und deshalb kann bei der Darstellung der Rechtswissenschaft an die Stelle der Wiedergabe des wirklichen Herganges der Forschung die Deduktion treten.

Dadurch wird es verständlich, dafs man Eigenschaften, die der Induktion zukommen, der sie in der Darstellung vertretenden Deduktion beilegt. So bezieht es sich ebenso zweifellos auf die Rechtsdeduktion, wenn man dem Rechtssysteme (mit Unrecht) nachzurühmen pflegt, dafs es „die unversiegbare Quelle neuen Stoffes sei",[1] wie wenn man ihm (mit Recht) nachsagt, dafs es „die Vollständigkeit der Erkenntnis gewährleiste".[2] Die Rechtsdeduktion scheint in der Tat in der Erfahrung nicht gegebene Rechtssätze herauszustellen und verbürgt

mufs." — Ich frage: warum soll der gedankenlose Bummler nicht milder behandelt werden, als der umsichtige Täter? Warum soll, wer mit sich unterordnendem Willen die Haupthandlung begeht, nicht als Gehilfe bestraft werden? — Die Antwort erhalten wir S. 172 Anm. 2, wo eine Theorie abgelehnt wird, weil sie „zu (sc. das Rechtsgefühl) durchaus unbefriedigenden Ergebnissen führen würde".

[1]) Jhering, Geist des röm. Rechts II. 5. A. 1898. S. 386.

[2]) v. Liszt, Z. VI. S. 668.

wirklich die Vollzähligkeit der herausgestellten Rechtssätze, indem sie aus den durch Induktion aus den Gesetzessätzen gewonnenen Prinzipien und deren Folgesätzen alle überhaupt möglichen Schlüsse zieht.

Nicht richtig kann es dagegen sein, wenn man dem gleichen Systeme, über das man diese Aussagen tut, auch nachsagt, es bedeute „die praktisch vorteilhafteste Form des positiv gegebenen Stoffs",[1] nämlich eine „Ordnung der Kenntnisse im System".[2] Wir sahen bereits, daſs die systematische Deduktion lediglich ein System der Entwicklung, nicht auch ein System der Anordnung zu bieten vermag. Ein solches kann nur die systematische Klassifikation liefern, die aber ihrerseits wiederum in keinem Sinne eine Bereicherung des Stoffes zu bewirken und keine Bürgschaft für seine Vollständigkeit zu leisten vermag. Soll also dem Verlangen nach Ordnung des Rechtsstoffs Genüge geschehen, so hat auſser der Rechtsdeduktion noch eine Rechtsklassifikation stattzufinden.

Daſs aber jenem Verlangen Genüge geschehen muſs, ist leicht einzusehen. Die Rechtswissenschaft hat das Recht zur praktischen Anwendung bereitzustellen. Wäre nun dem zur Anwendung Berufenen, der an das Gesetz herantritt mit der Frage, ob sich an einen bestimmten Tatbestand eine bestimmte Rechtsfolge knüpfe, lediglich die Rechtsdeduktion gegeben, so müſste er jedesmal den ganzen Rechtsstoff Revue passieren lassen, um zu sehen, ob er auch einen Rechtssatz enthalte, der mit dem ihm vorliegenden Tatbestand die fragliche Rechtsfolge verbinde. Er wäre in der Lage eines Botanikers, dem sämt-

---

1) Jhering, a. a. O. S. 383.

2) v. Liszt, Strafr. 12.—13. A. 1903. S. 2.

liche Pflanzenarten in den exaktesten Abbildungen, aber ungeordnet zur Verfügung ständen, und der deshalb, um eine Pflanze zu bestimmen, sie mit jeder einzelnen dieser Abbildungen vergleichen müſste, bis ihm früher oder später die zutreffende in die Hände fiele. Nur eine Ordnung der Rechtssätze nach ihren Tatbeständen oder Rechtsfolgen vermag den Richter zu befähigen, ganze Klassen von Rechtssätzen, deren Tatbeständen sich der ihm vorliegende oder deren Rechtsfolgen sich die von ihm nachgefragte nicht subsumiert, ohne Einzelprüfung beiseite zu lassen. „Nur die Ordnung der Kenntnisse im System verbürgt jene sichere, immer bereite Herrschaft über alle Einzelheiten, ohne welche die Rechtsanwendung stets Dilettantismus bleibt, jedem Zufall, jeder Willkür preisgegeben.“ [1]) Es ist mithin eine Ordnung der Rechtssätze notwendig und deshalb ihre Klassifikation geboten.

Wie verhält sich nun die Rechtsklassifikation zur Rechtsdeduktion?

Die Deduktion stellt den Rechtsstoff heraus, die Klassifikation ordnet ihn. Die Deduktion ist also ein Durchgangspunkt, die Klassifikation der Endpunkt in der Verarbeitung des Rechtsstoffs. In der Deduktion findet die strebende, in der Klassifikation die fertige Rechtswissenschaft ihre Darstellung.

Dieses Verhältnis kann nach den vorangestellten logischen Erwägungen nicht wundernehmen. Sie ergaben, daſs jede Deduktion zwar eine Klassifikation voraussetze, aber auch einer andern zum Unterbau diene.

Welches nun aber die Klassifikation sei, die von der Rechtsdeduktion vorausgesetzt wird, und wie sie sich zu

---

[1]) v. Liszt, Strafr. S. 2.

derjenigen verhalte, die ihrerseits die Rechtsdeduktion voraussetzt, kann nach dem Ausgeführten sehr kurz gesagt werden. Vorauszugehen hat der Rechtsdeduktion eine Klassifikation der Begriffe, von denen die Rechtssätze etwas aussagen,[1]) nachzufolgen hat ihr eine Klassifikation der durch sie herausgestellten Rechtssätze selbst.

Wir sahen, dafs die Rechtssätze bedingte Urteile sind: Bedingung ist der Tatbestand, bedingt die Rechtsfolge. Die beiden gröfsten Gruppen der im Rechtssatze enthaltenen Begriffe sind also Tatbestand und Rechtsfolge. Die Klassifikation, welche der Rechtsdeduktion voranzugehen hat, ist demnach eine Klassifikation der Tatbestände und der Rechtsfolgen.

Diese setzt wiederum eine Klassifikation der die Elemente der Tatbestände und Rechtsfolgen bildenden Begriffe voraus. Um beispielsweise den Tatbestand des § 223a St.G.Br. zu verstehen, mufs ich zunächst den Begriff der Waffe kennen, und diesen kann ich nur dann richtig erkennen, wenn ich ihn mir in seinen Beziehungen zu Ober-, Unter- und Neben-Begriffen klarmache; dies setzt aber seine Klassifikation voraus. Doch wird die Klassifikation solcher Elemente der Tatbestände und Rechtsfolgen meist nicht von der Jurisprudenz aufzustellen sein, sondern von ihr in andern Wissenschaften vorgefunden werden, die ihr dann als Hilfswissenschaften dienen. (Wie die Induktion einerseits der Deduktion zur Voraussetzung dient, andererseits aber die Deduktion zur

---

[1]) Eltzbacher, Rechtsbegriffe 1899 S. 17—20 führt mit Recht aus, dafs ebenso wie die Aussprüche des Gesetzgebers für uns nicht Urteile, sondern nur Gegenstand von Urteilen, auch die in ihnen vorkommenden Vorstellungen des Gesetzgebers für uns nicht Begriffe, sondern nichtbegriffliche Vorstellungen, Gegenstand der Begriffsbildung sind. Diese wird im Text als vollzogen vorausgesetzt.

Voraussetzung hat, da eine richtige Induktion nicht möglich ist, ohne dafs Schritt für Schritt geprüft wird, ob alle aus dem hypothetisch induzierten Satz deduzierbaren Urteile der Erfahrung entsprechen, genau so dient die Kenntnis der in einem Rechtssatze enthaltenen Begriffe einerseits dem Verständnisse dieses Rechtssatzes zur Voraussetzung und hat es doch wiederum andererseits zur Voraussetzung. Hat ein in einem Rechtssatze enthaltenes Wort mehrere Bedeutungen, so ermittle ich die zutreffende dadurch, dafs ich alle Bedeutungen nacheinander in den Rechtssatz einsetze und nun zusehe, mit welcher der Rechtssatz den besten Sinn ergibt. Dazu mufs ich aber einen Mafsstab haben, mittels dessen ich den besten Sinn vom minder guten unterscheide, und er ist der gleiche wie der, an dem ich die Konsequenzen eines hypothetisch induzierten Prinzips als zutreffend oder absurd erkenne: mein Rechtsgefühl.)

IV.

Nachzufolgen hat der Rechtsdeduktion eine Klassifikation der Rechtssätze selbst.

Klassifikation bedeutet Über-, Unter- und Nebenordnung. Es scheinen mithin diejenigen die Klassifikation der Rechtssätze richtig zu schildern, die sie bezeichnen als „Koordination und Subordination der Normen“ [1]) als „System von einander neben- und untergeordneten Lehrsätzen“. [2]) [3])

---

[1]) Wach, Hdb. d. Zivilprozefsrs. I. 1885. S. 277.

[2]) Grueber in Birkmeyers Encyklopädie. S. 67.

[3]) Auch Leonhard, Allg. Teil des B.G.B. 1900 S. 9 und v. Liszt Z. VI. S. 666 kennen über- und untergeordnete Sätze.

Normen sind jedoch Imperative und Lehrsätze Urteile, nur Begriffe sind aber mögliche Subjekte von Urteilen, mithin auch von divisiven Subsumtionsurteilen, und folgeweise auch sie allein der Klassifikation fähig. Der Inhalt der Rechtssätze darf also, um klassifizierbar zu sein, nicht die Form von Normen oder Lehrsätzen tragen, mufs vielmehr in Begriffsform überführt werden. „Obzwar die Norm vermöge ihrer imperativen Beschaffenheit die kürzere und eindrucksvollere Form ist, so entzieht sie sich doch durch eben diese Eigenschaft der Einreihung in einen systematischen Zusammenhang, während sich ein solcher aus der Analyse der Begriffe, die in den Definitionen ihren Abschlufs findet, von selbst ergibt." [1])

V.

Diesen naheliegenden Weg hat man aber zunächst verfehlt.

Man hielt den Inhalt der Rechtssätze für gebunden an die Form des Rechtssatzes. Sind demnach die Inhalte der Rechtssätze denkbar nur in Urteilsform, klassifizierbar aber nur Begriffe, so folgt, dafs die Rechtssätze sich einer Klassifikation überhaupt entziehen. Man suchte nun den gleichen Zweck durch Klassifikation der in den Rechtssätzen enthaltenen Begriffe zu erreichen und gelangte vermutlich so zu einem System der Tatbestände einer-, der Rechtsfolgen andererseits. [2])

---

[1]) Wundt, Logik II 2. 2. A. S. 580/581.

[2]) Vgl. Sohm, Institutionen. 7. A. 1898. S. 31.

Tatbestände und Rechtsfolgen sind nun zwar auf diese Weise klassifiziert, die Aussage des Rechtssatzes über das Bedingungsverhältnis zwischen ihnen aber ist unklassifiziert geblieben. Eine Klassifikation der in den Rechtssätzen enthaltenen Begriffe vermag eben der Rechtsdeduktion nur zum Unterbau zu dienen, nie aber ihrer Ergebnisse habhaft zu werden. Auf eine Verwechselung der beiden oben unterschiedenen Klassifikationen wäre damit die vorliegende Ansicht zurückgeführt.

Schon[1]) aus dem gleichen Grunde bleibt es unverständlich, wie ein System der Tatbestände einer-, der Rechtsfolgen andererseits im Begriffe des objektiven Rechts gipfeln soll.[2]) Das objektive Recht ist die staatliche Ordnung der Lebensverhältnisse. Ein System der Tatbestände kann nun wohl ein System der Lebensverhältnisse, ein System der Rechtsfolgen ein solches der staatlichen Anordnungen sein, ein System der staatlichen Ordnung der Lebensverhältnisse kann aber nicht durch die Klassifikation der Tatbestände einer-, der Rechtsfolgen andererseits, sondern höchstens durch eine Klassifikation der von den Rechtssätzen ausgesprochenen Bedingungsverhältnisse zwischen Tatbeständen und Rechtsfolgen erzielt werden.

Trifft sich mithin die Klassifikation der Tatbestände mit derjenigen der Rechtsfolgen nicht im Begriffe des objektiven Rechts, so entfällt jedes Bindeglied zwischen ihnen und wir erhalten statt eines Systems deren zwei, die aber nichtsdestoweniger das Wesentliche, den Inhalt der Rechtssätze, nicht in sich aufgenommen haben.

---

[1]) Vgl. aufserdem noch unten S. 54.

[2]) Sohm, a. a. O. S. 32.

VI.

In gleicher Richtung scheint noch eine zweite Ansicht zu liegen.

Es wird nämlich nicht selten das Rechtssystem für eine „Über- und Unterordnung der Begriffe und der sie verbindenden Sätze" erklärt.[1])

Ein Verband, welcher Begriffe und Urteile zumal umfaſste, ist nun aber der Logik fremd. Will nicht etwa jener Ausdruck nur eine zusammenfassende Bezeichnung für die der Deduktion zum Unterbau dienende Klassifikation (Über- und Unterordnung der Begriffe) und die Deduktion selbst (Über- und Unterordnung [?] der sie verbindenden Sätze) geben, hat er vielmehr ein einziges Gebilde, nämlich die die Rechtswissenschaft abschlieſsende Klassifikation zum Gegenstande, so vermag ich ihn nur dahin zu deuten, daſs die durch die Rechtssätze verbundenen, d. h. in den Rechtssätzen enthaltenen Begriffe, also entweder die Tatbestände oder die Rechtsfolgen, klassifiziert werden, die Rechtssätze aber in diese Klassifikation dadurch einbezogen werden sollen, daſs man bei jedem Tatbestande berichtet, welche Rechtsfolgen sich an ihn knüpfen, bezw. bei jeder Rechtsfolge berichtet, an welche Tatbestände sie geknüpft ist.

Dadurch wären aber immerhin nur die Tatbestände oder die Rechtsfolgen, die Rechtssätze aber ebensowenig klassifiziert, wie etwa in einem Konversationslexikon die nach den Buchstaben ihrer Bezeichnungen geordneten Begriffe, sie wären vielmehr nur ganz äuſserlich dem

---

[1]) So v. Liszt, Z. VI. S. 666. Vgl. denselben, Strafr. S. 1/2. Brinz, Pandekten I. 3. A. 1884. S. 76. Salkowsky, Institutionen. 6. A. 1892. S. 3 und die bei Eltzbacher, Rechtsbegriffe. S. 5 Anm. 3—7 citierten.

durch Klassifikation der Tatbestände oder Rechtsfolgen gebildeten Fachwerk eingefügt.

Diesem Mangel an logischer Folgerichtigkeit entspräche aber ein Mangel an praktischer Brauchbarkeit.

Aus einem Systeme wie dem hier fraglichen könnte man immer nur entnehmen, welche Rechtsfolge einem bestimmten Tatbestand, oder welcher Tatbestand einer bestimmten Rechtsfolge entspreche. Die Frage aber, auf welche der Richter[1]) vom Systeme Antwort heischt, lautet anders; sie geht dahin, ob diesem Tatbestande diese Rechtsfolge entspreche. (Beim Zivilrichter trifft dies ohne Beschränkung zu, beim Strafrichter insofern, als er fragt, ob sich an den ihm vorliegenden Tatbestand überhaupt die Rechtsfolge, Strafe, knüpfe; nach Bejahung dieser Frage untersucht er freilich weiter, welches die zutreffende Strafe sei.) Daraus folgt aber, dafs er sowohl von dem Tatbestande ausgehen und nun zusehen kann, ob unter seinen Rechtsfolgen auch die in Frage stehende sich befinde, als von der Rechtsfolge ausgehen und nun zusehen kann, ob unter ihren Tatbeständen auch der in Frage stehende sich befinde. Er wird das eine oder das andere tun, je nachdem es zweckmäfsiger ist, und es wird nicht in allen Fällen gleichermafsen das eine oder das andere zweckmäfsiger sein. Da ihm aber ein System der Tatbestände mit Angabe der zugehörigen Rechtsfolgen nur das eine, ein System der Rechtsfolgen mit Angabe der zugehörigen Tatbestände nur das andere gestatten würde, bedarf er, um bald das eine, bald das andere tun zu können, beider zugleich. So lange man

---

[1]) Anders u. U. der Anwalt. Die Klassifikation wird verschieden ausfallen je nach der Aufgabe desjenigen, dem sie dienen soll.

aber dem gleichen Zwecke durch ein System genügen kann, wird man nicht deren zwei aufstellen.

Daſs man es aber kann, zeigt die Erfahrung Wenn unser übliches Rechtssystem Zivil- und Strafrecht von einander scheidet, scheidet es nach den Rechtsfolgen des Delikts. Innerhalb des Strafrechts scheidet es (wie nicht anders möglich, da hier zu einem Tatbestande vom Richter die zugehörige Rechtsfolge gesucht wird) nach Tatbeständen. Innerhalb des Zivilrechts scheidet es bald nach Rechtsfolgen, so bei der Unterscheidung von dinglichem Recht und Forderungsrecht, bald nach Tatbeständen, so bei der Unterscheidung der Forderungsrechte nach ihren Entstehungsgründen. Hier ist also ein System, das bald nach Tatbeständen, bald nach Rechtsfolgen angeordnet ist.

Tatbestände und Rechtsfolgen können hier nun nicht das Eingeteilte sein, dieses ist in einem System immer eines und dasselbe, sondern nur die Einteilungsgründe, diese können auf verschiedenen Stufen der Einteilung einander abwechseln. Da aber der Einteilungsgrund hergenommen wird von den Merkmalen des Eingeteilten, so muſs dieses hier etwas sein, was sowohl den Tatbestand wie die Rechtsfolge zum Merkmal hat. Dies trifft aber zu für den Rechtssatz.

Die Rechtssätze selbst sind also in unserm tatsächlich üblichen System klassifiziert.

VII.

Die Rechtssätze selbst sind in unserm tatsächlich üblichen System klassifiziert. Klassifizierbar sind aber nur Begriffe. Die Rechtssätze müssen also, um klassifizierbar zu werden, in die Begriffsform überführt worden sein.

Diesen Vorgang hat Jhering[1]) als die „juristische Konstruktion", als „Präzipitierung der Rechtsnormen zu Rechtsbegriffen", als „Verflüchtigung des gegebenen Rohstoffs zu Begriffen", als „Erhebung des Rechtsstoffs in einen höheren Aggregatzustand", „der Rechtssätze zu logischen Momenten des Systems", als eine juristische Transsubstantiation, kurz: als „das Geheimnis der Jurisprudenz" zuerst bemerkt und mit allen Reizen eines Mysteriums umgeben.

Verständlicher wird es uns, wenn wir uns an die oben geschehene Feststellung erinnern, daſs ein Denkinhalt nicht an eine bestimmte Denkform gebunden ist, so daſs man etwa den einen nur in Form eines Begriffs, den andern nur in Form eines Urteils denken könnte, daſs vielmehr jeder Denkinhalt, den man als Urteil denken kann, auch als Begriff gefaſst werden kann. Es kann also auch der Denkinhalt des Rechtssatzes, der Rechtsgedanke, nicht lediglich in der Form des Rechtssatzes, sondern auch in Begriffsform aufgefaſst werden. Mit beiden Denkformen kann man nach Belieben wechseln. Deduzieren kann man nur Urteile: also denkt man den Rechtsgedanken bei der Rechtsdeduktion in Urteilsform. Klassifizieren kann man nur Begriffe: also denkt man ihn, um ihn klassifizierbar zu machen, in die Begriffsform um.[2])

---

[1]) Vgl. Jhering, Geist II. 5. A. S. 357 ff., Geist I 5. A. S. 39, Jahrbb. f. Dogmatik I S. 9, Geist I S. 9, Geist I S. 37, Jahrbb. I S. 8, Geist II S. 361, Geist I S. 42, Geist II S. 361.

[2]) Es ist vielleicht nicht überflüssig, daran zu erinnern, daſs man unter ‚Begriff' heute keineswegs nur die Vorstellung von dem mehreren Vorstellungen Gemeinsamen versteht, sondern auch Individualbegriffe kennt. Vgl. Sigwart, Logik I. 2. A. S. 319 ff., Wundt, Logik I. 2. A. S. 101 f., Eltzbacher, Rechtsbegriffe. S. 6—7.

Neben die in den Rechtssätzen enthaltenen Begriffe, die wir bereits kennen lernten, treten so die Begriffe vom Inhalt der Rechtssätze. Jene sind Gegenstand der die Rechtsdeduktion fundierenden, diese sind Gegenstand der die Rechtsdeduktion krönenden Klassifikation. Jene sind nur Mittel, diese Zweck der Rechtswissenschaft. Jene sind nur rechtlich relevante Begriffe, diese sind Rechtsbegriffe.[1])

(Dieser Gegensatz besteht jedoch nur hinsichtlich der Beziehung mehrerer Begriffe zu einem und demselben Rechtssatze. Dagegen kann sehr wohl der Begriff vom Inhalt eines Rechtssatzes zugleich in einem andern Rechssatze enthalten sein.)

Die Erkenntnis, daſs die Rechtsbegriffe Begriffe von den Inhalten der Rechtssätze sind, hat unsere Wissenschaft, wie mir scheint, Eltzbacher[2]) zu verdanken. An der Formulierung, die er diesem Gedanken gibt, ist freilich mancherlei auszusetzen.

Rechtsbegriffe sind nach Eltzbacher[3]) Begriffe von Rechtsnormen und von Elementen von Rechtsnormen.

Nun sind aber Rechtsnormen Imperative und Imperative keine Urteile, sondern Vorgänge, näher: Handlungen. Begriffe von Handlungen sind nun immer Be-

---

[1]) Von den drei Schriften, welche ex professo von ‚Rechtsbegriffen' handeln — Jhering, Geist II 5. A. S. 357 ff., Eltzbacher, Rechtsbegriffe 1899 und Gustav Rümelin, Juristische Begriffsbildung 1878 — haben nur die beiden ersten die Rechtsbegriffe in unserm Sinne, die letzte dagegen die rechtlich relevanten Begriffe im Auge.

[2]) Eltzbacher, Rechtsbegriffe. 1899. Zustimmend Herrmann in Grünhuts Zeitschr. XXIX S. 779, anerkennend Oertmann, Archiv f. bürgerl. Recht XVIII S. 345, absprechend Hölder in Hinnebergs Literaturzeitung XXI Sp. 1586—1587 und P. B. im Literar. Zentralblatt 52 Sp. 1057. Leider hat das Buch die verdiente Beachtung nicht gefunden.

[3]) a. a. O. S. 33.

griffe davon, dafs jemand handelt, und so mufs auch der Imperativ, wenn man einen Begriff von ihm bilden will, als Handlung, näher: Ausspruch, noch näher: Befehl einer mehr oder weniger bestimmten Person aufgefafst werden. Es gibt keinen Begriff „es werde Licht", sondern nur einen Begriff davon, dafs jemand befiehlt, dafs es Licht werde. Überträgt man dies auf die Rechtsnorm, so bedeutet es, dafs man, um von ihr einen Begriff zu bilden, sie einsetzen mufs in die Eingangsformel: „Ich, der Gesetzgeber, verordne." Dieses Verfahren macht aber, wie wir oben sahen, aus Rechtnormen Lehrsätze.[1]) Die erste Korrektur, die wir an Eltzbachers Formulierung vornehmen müssen, geht also dahin, dafs Rechtsbegriffe Begriffe nicht von Rechtsnormen und Elementen solcher, sondern von juristischen Lehrsätzen und Elementen solcher sind.

Auch gegen diese Formulierung behält aber folgender Einwand Hölders[2]) recht: „Träfe der erste Satz" (sc. dafs Rechtsbegriffe Begriffe von Rechtsnormen sind) „schlechthin zu, so wäre weder der Begriff der Person oder der Sache, noch der Begriff des Eigentums oder des Schuldverhältnisses usw. ein Rechtsbegriff". Denn Person und Sache, Eigentum und Schuldverhältnis sind keine Rechtsnormen und auch keine juristischen Lehrsätze. Nun ist es aber zweifellos, dafs Eltzbacher Eigentum und Schuldverhältnis, Person und Sache als Rechtsbegriffe angesehen wissen will.[3]) Seine Formulierung kann also ein treffender Ausdruck seines Gedankens

[1]) Die juristischen Lehrsätze sind im Vorangehenden, um den fremdartigen Ausdruck zu meiden, unter die Bezeichnung Rechtssätze begriffen worden.

[2]) Hölder in Hinnebergs Literaturzeitung XXI Sp. 1587.

[3]) Vgl. Eltzbacher a. a. O. S. 67 ff. und S. 33.

nicht sein. Eigentum und Schuldverhältnis, Person und Sache sind nicht juristische Lehrsätze oder Rechtsnormen, sondern Inhalte bezw. Elemente von Inhalten solcher. Es ist also noch eine zweite Korrektur an Eltzbachers Definition vorzunehmen, nach welcher sie lautet: Rechtsbegriffe sind Begriffe von Inhalten juristischer Lehrsätze und von Elementen von Inhalten juristischer Lehrsätze.[1])

Unter den Begriffen von Elementen von Inhalten juristischer Lehrsätze sind zu verstehen die von uns als in den Lehrsätzen enthalten bezeichneten Begriffe.[2]) Da jedoch ihre Bedeutung von derjenigen vom Inhalte des Lehrsatzes völlig verschieden ist, da man ohne die in den Lehrsätzen enthaltenen Begriffe die Lehrsätze über-

---

[1]) Eltzbacher übersieht völlig den Unterschied zwischen den Begriffen von Rechtsnormen und ihren Bestandteilen einer-, Inhalten von Rechtsnormen und deren Elementen andererseits, also zwischen den Begriffen vom staatlichen Willen bestimmten Inhalts und Inhalten bestimmter staatlicher Willen. Z. B. bezeichnet er (Handlungsfähigkeit I S. 24) das subjektive Recht zugleich als „Etwas in der Rechtsnorm Enthaltenes" und als „Bestandteil der Rechtsnorm". So kommt es, dafs er einmal die Rechtsbegriffe für Begriffe von Rechtsnormen erklärt und ganz konsequent den Begriff des § 303 Str.GB., des Reichsgesetzes, der öffentlichrechtlichen Norm, des Gewohnheitsrechts, der Rechtsordnung als solche (nicht nur soweit sie zugleich in Rechtssätzen vorkommen) als Rechtsbegriffe (Rechtsbegriffe S. 23/24) ansieht, andererseits aber auch die subjektiven Rechte für Rechtsbegriffe erklärt, welche doch Begriffe nicht von Rechtsnormen, sondern von deren Inhalten sind. Die Ursache dieser Verwechselung liegt darin, dafs Eltzbacher gegenüber den Anschauungen, die in dem objektiven Recht, der Rechtsnorm, die begründende, verleihende, schützende Instanz, in dem subjektiven Recht das Begründete, Verliehene, Geschützte erblicken, mit vollem Recht betont, dafs beide genau dasselbe seien (Rechtsbegriffe S. 70—72, Handlungsfähigkeit I S. 23—24), nun aber seinerseits übersieht, dafs in beiden dasselbe unter entgegengesetzten Gesichtspunkten betrachtet wird.

[2]) Zu beachten oben S. 21 Anm. 1.

haupt nicht zu verstehen und folgeweise nicht an die Rechtsdeduktion zu gehen vermag, während man umgekehrt den Begriff vom Inhalt eines Lehrsatzes erst nach der Rechtsdeduktion zu bilden vermag: ist auch terminologische Unterscheidung zwischen ihnen geboten, und es wurden deshalb oben die ersteren als rechtlich relevante und nur die letzteren als Rechts-Begriffe bezeichnet. Übrigens beschränkt auch Eltzbacher in seinem Resumé[1]) die Rechtsbegriffe auf Begriffe von Rechtsnormen.

Nun muten uns aber diese Begriffe von Rechtsnormen, d. h. mit den von uns angebrachten Korrekturen: vom Inhalte von Rechtssätzen noch recht fremdartig an. Da ja die Methodologie nicht die Normen einer Zukunftswissenschaft aufstellen, sondern nur die Normen, denen die Jurisprudenz schon immer unbewufst gehorcht, klarstellen will, bleibt noch darzutun, unter welchem Namen die Begriffe von den Inhalten der Rechtssätze schon in der gegenwärtigen Wissenschaft gang und gäbe sind.

Welches ist nun der Inhalt der Rechtssätze?

Mit dieser Frage betritt unser Gedankengang sehr kontroverses Gebiet.

Nach einer Ansicht ist Inhalt jedes Rechtssatzes, dafs jemand sich beim Vorliegen eines bestimmten Tatbestandes von Rechts wegen in einer bestimmten Weise verhalten solle;[2]) nach einer anderen Ansicht, dafs jemand sich beim Vorliegen eines bestimmten Tatbestandes von Rechts wegen in einer bestimmten Weise

---

[1]) a. a. O. S. 82.

[2]) Diese von Thon begründete Imperativentheorie dürfte die herrschende sein. Neuestens haben sich ihr Eltzbacher und Hold v. Ferneck in ihren bereits zitierten Werken angeschlossen.

verhalten dürfe; nach einer dritten Ansicht endlich haben die Rechtssätze teils diesen, teils jenen Inhalt.

Nach der ersten Ansicht ist ein Rechtssatz, nach welchem jemand sich irgendwie verhalten darf, immer nur als Korrelat des primär gegebenen Rechtssatzes, jemand solle sich irgendwie verhalten, nach der zweiten Ansicht ein Rechtssatz, nach welchem jemand sich irgendwie verhalten soll, immer nur als Korrelat des primär gegebenen Rechtssatzes, jemand dürfe sich irgendwie verhalten, aufzufassen. Nach beiden Ansichten entspricht aber nicht notwendig jedem Gebot eine solche korrelate Erlaubnis, jeder Erlaubnis ein solches korrelates Gebot; je nachdem die Anhänger der beiden Theorieen dieses behaupten oder leugnen, zerfällt deshalb jede der beiden Theorieen von neuem in zwei Unterarten. Nach der dritten Ansicht brauchen weder gewährende und verpflichtende Sätze in einem Korrelatverhältnis zu stehen, noch mufs jedem gewährenden ein verpflichtender, jedem verpflichtenden ein gewährender Satz entsprechen, woraus sich vier Erscheinungsformen dieser Ansicht ergeben.

Der Begriff davon, dafs jemand sich beim Vorliegen eines bestimmten Tatbestandes von Rechts wegen in bestimmter Weise verhalten darf, ist das subjektive Recht. Der Begriff davon, dafs sich jemand beim Vorliegen eines bestimmten Tatbestandes von Rechts wegen in bestimmter Weise verhalten soll, ist die Rechtspflicht. Das Korrelatverhältnis zwischen Recht und Pflicht ist das abstrakte Rechtsverhältnis.[1])

Die subjektiven Rechte, die Rechtspflichten und die abstrakten Rechtsverhältnisse sind also, je nach den ver-

[1]) Über den Begriff des Rechtsverhältnisses vgl. Bierling, Jur. Grundbegriffe II. 1883. S. 128ff. und z. X S. 252—264.

schiedenen Ansichten und auf dem Boden jeder von ihnen nach den verschiedenen Gattungen der Rechtssätze, die gesuchten Begriffe von den Inhalten der Rechtssätze.

Gegen die Ansicht, dafs die subjektiven Rechte Begriffe der Inhalte von Rechtssätzen seien, erheben sich nun Einwände. Sie können sich entweder dagegen richten, dafs die subjektiven Rechte überhaupt Begriffe, oder dagegen, dafs sie Begriffe vom Inhalte der Rechtssätze sind.

In dem ersteren Sinne hat man die von Jhering anfangs enthusiastisch gefeierte[1]) dann ergötzlich persiflierte[2]) „naturhistorische Methode" fälschlich verstanden. Man hat angenommen, sie sei darauf aus, zu leugnen, dafs die subjektiven Rechte Begriffe, und zu behaupten, dafs sie Dinge seien.

Jhering knüpft an die gemeine Vorstellungsweise an. Wir sind unfähig, einen Begriff als solchen zu denken, wir denken ihn immer unter dem Bilde einer repräsentativen Vorstellung, und so haben wir uns gewöhnt, den Begriff subjektives Recht unter dem Bilde eines Körpers zu denken.

Dies ist nun zweifellos eine Unvollkommenheit unseres Denkapparats. Sie begründet die Gefahr, dafs man die repräsentative Vorstellung mit dem Begriffe verwechsle und auf diesen anwende, was nur von jenem gilt. Und es ist deshalb die Anforderung zu stellen, dafs man sich immer der symbolischen Natur der Vorstellung bewufst bleibe.

---

[1]) Vgl. Geist II. 5. A. S. 357 ff., Jahrbb. I. S. 1 ff.

[2]) Vgl. Scherz und Ernst. 3. A. 1885, insbes. S. 6—17, 245—316 und dazu Bekker, Ernst und Scherz S. 122 ff.

Die naturhistorische Methode ist gerade der umgekehrten Ansicht, sie macht aus der Not eine Tugend, aus der Metapher eine Methode, sie hält es für vorteilhaft, an Stelle des Begriffs die repräsentative Vorstellung zu denken, und erklärt es geradezu für die Aufgabe der „höheren Jurisprudenz" den Begriff subjektives Recht durch die symbolische Vorstellung des „Rechtskörpers"[1]) zu ersetzen.

Ein solches Verfahren ist nun auch in andern Wissenschaften mit Vorteil geübt worden, unter zwei Voraussetzungen: erstens, dafs es komplizierte oder unbekannte Verhältnisse waren, für die man ein einfaches Bild einsetzte; zweitens, dafs man nicht versäumte, sorgfältig nachzuprüfen, ob das am Bilde Beobachtete auch auf die Wirklichkeit zutreffe. Ich erinnere an das Bild des elektrischen „Stroms".

Beide Voraussetzungen treffen im Falle der naturhistorischen Methode nicht zu.

Denn erstens passt gerade das, weswegen man es als einen Vorteil erachtet, statt mit dem Begriffe subjektives Recht mit dem Rechtskörper zu arbeiten, nicht auf den Begriff subjektives Recht. Dieser Vorteil liegt darin, dafs man, wie Jhering[2]) scherzhaft sagt, „den zivilistischen Homunculus, d. h. den Begriff, produktiv werden, sich mit andern seinesgleichen begatten und Junge zeugen lassen" oder — mit Windscheid[3]) — zu neuen Resultaten durch eine Rechnung gelangen kann, bei welcher die Rechtsbegriffe die Faktoren sind. Eine solche Produktivität kommt aber nur Körpern, nicht jedoch Begriffen zu. Aus zwei Körpern kann ein dritter

[1]) Jhering, Geist II. S. 360.

[2]) Scherz und Ernst. 3. A. 1885. S. 7.

[3]) Pandekten I. 7. A. 1891. S. 60 (§ 24).

werden, dagegen kann man aus zwei Begriffen nicht etwa einen dritten folgern. Folgern kann man nur ein Urteil aus zwei andern Urteilen. So läſst sich auch aus zwei Rechtsbegriffen nicht ein dritter deduzieren,[1] deduzieren läſst sich nur aus den beiden Rechtssätzen, von dessen Inhalt die subjektiven Rechte die Begriffe sind. Dadurch, daſs man sich die Rechtsbegriffe als Rechtskörper vorstellt, verleiht man ihnen also eine Bedeutung für die Rechtsdeduktion, die ihnen in der Tat nicht zukommt. Für die Rechtsdeduktion sind die Rechtsbegriffe völlig überflüssig, sie arbeitet lediglich mit Rechtssätzen. Die Begriffe, die man von den Inhalten der von der Deduktion herausgestellten Rechtssätze bildet, die Rechtsbegriffe, die man also erst nach der Deduktion überhaupt bilden kann, haben Bedeutung lediglich für die Terminologie und für die Klassifikation. Zutreffend sagt deshalb Schloſsmann[2] in seiner Kritik der Jheringschen Methode, daſs Jhering ein Moment von verhältnismäſsig untergeordneter Bedeutung zur Hauptsache erhebe.

Ebensowenig trifft die zweite der obigen Voraussetzungen zu. Es ist nicht ein komplizierter oder unbekannter Sachverhalt, für den die bildliche Vorstellung des Rechtskörpers eingesetzt wird. Man arbeitet mit dem Rechtsbegriff, dem Begriff vom Inhalte des Rechtssatzes, genau so bequem wie mit jenem Symbol.

Jhering hält es also für methodisch vorteilhaft, sich das subjektive Recht unter dem Bilde eines Körpers vorzustellen, und weil sich dieses als nicht nur nicht vorteilhaft, sondern sogar irreführend herausgestellt hat, ist seine naturhistorische Methode zu verwerfen. Dagegen

[1]) So schon Brinz, KVS. II. S. 31.

[2]) Vertrag. 1876. S. 235.

wählt man einen falschen Angriffspunkt, wenn man einem Geiste wie Jhering zutraut, er habe das subjektive Recht nicht nur unter dem Bilde eines Körpers denken wollen, sondern ihm wirklich körperliche Existenz zugeschrieben. Im Gegenteil hat gerade Jhering das subjektive Recht nicht nur als einen Begriff erkannt, sondern dem Rechtsbegriff, wie die oben angeführten Aussprüche genugsam beweisen, auch schon den richtigen Inhalt gegeben, denselben Inhalt, welchen die Rechtssätze haben. Jhering kann also mit Fug für unsere Ansicht in Anspruch genommen werden.

Dagegen geben andere Anhänger der naturhistorischen Methode ihr eine Gestalt, in welcher sie unserem Satze, daſs die subjektiven Rechte Begriffe von Inhalten von Rechtssätzen seien, widersprechen würde. Während Jhering die subjektiven Rechte als Gattungsbegriffe unter dem Bilde des Körpers denken will, behauptet Zitelmann,[1]) daſs die einzelnen subjektiven Rechte wirklich als Körper anzusehen seien, Körper, welche durch den Tatbestand hervorgebracht werden und aus sich heraus wieder die Rechtsfolgen hervorbringen, und daſs er mit seiner Ansicht nicht allein steht, beweist unsere ganze Terminologie: Entstehung und Untergang, Übertragung und Änderung sind Ausdrücke, die von den Körpern auf die subjektiven Rechte übertragen sind.[2])

---

[1]) Irrtum und Rechtsgeschäft. 1879. S. 200—203, bes. S. 203, Anm. 157.

[2]) Bierling, Jur. Grundbegriffe II. 1883. S. 263 wendet ein, von Entstehung, Veränderung, Untergang könne man nicht nur bei Körpern, sondern auch bei Seelenvorgängen reden. Aber das subjektive Recht ist auch kein Seelenvorgang, der etwa durch den Tatbestand angeregt würde und zur Erfüllung der Rechtsfolge führte. Das subjektive Recht kann bestehen, ohne daſs irgend jemand darum weiſs. Aber was für eine Art von Existenz führt es dann?

Im wesentlichen blieb diese Ansicht auf das bürgerliche Recht beschränkt. Im Strafrecht steht nur Binding stark unter ihrem Einfluſs. Während man hier sonst der Betrachtung des subjektiven Strafrechts die klare Unterscheidung von Tatbestand und Rechtsfolge, Verbrechen und Strafe, zugrunde legt — eine Behandlungsweise, die Pfersche [1]) als für das bürgerliche Recht vorbildlich hinstellt — hat umgekehrt Binding in der ausgesprochenen Absicht, auf das Strafrecht die zivilistische Behandlungsweise zu übertragen, das System seines allgemeinen Teils eingeteilt nach der Entstehung, der Wandlung und dem Untergange des Strafrechts.[2]) Und er hat mit der Terminologie auch den Geist der naturhistorischen Methode ins Strafrecht eingeführt. Nur aus einer Verkörperlichung des subjektiven Rechts des Staats auf Botmäſsigkeit ist es zu erklären, wenn er seine Verletzung wie einen in der Aussenwelt gegebenen Erfolg behandelt. Liszt hat ihn in einem meisterhaften Aufsatze [3]) „eines in der nachhegelschen Wissenschaft ganz vereinzelt dastehenden Formalismus“ überführt, „der überall Begriff und Gegenstand, Denken und Sein, Vorstellung und Vorgestelltes auseinander zu halten unfähig wird, der, ohne es zu wissen und zu wollen, die Abstraktionen der juristischen Logik behandelt, als wären sie Dinge von Fleisch und Blut, der aus den Begriffen sich seine Welt baut und in dieser volle Befridigung findet“.

In unserm Zusammenhange interessiert diese Theorie insofern, als, wenn sie zuträfe, das subjektive Recht als Gattung der Begriff nicht vom Inhalte des Rechtssatzes, von dem in ihm geknüpften Bedingungsverhältnis

[1]) Pfersche, Methodik der Privatrechts-Wissenschaft. 1881. S. 75.

[2]) Hdb. I. 1885. S. IX.

[3]) Z. VI. S. 672.

zwischen Tatbestand und Rechtsfolge, sondern von einem unabhängig vom Rechtssatze neben Tatbestand und Rechtsfolge selbständig existierendem Dritten wäre.

Daſs aber diese Theorie nicht zutrifft, dürfte hinlänglich erwiesen sein, wenn wir ihren logischen Fehler nur bei Namen nennen.[1]) Sie bildet ein besonders krasses Glied in der Reihe jener Verdinglichungen von Begriffen, Hypostasierungen, die von Platos Ideenlehre durch den Realismus der Scholastiker bis hinab auf Hegels Philosophie, in den Einzelwissenschaften aber im Begriff der Seele, der Seelenvermögen, insbesondere des Willens, und der Kraft noch auf den heutigen Tag hinab reichen. Gerade zwischen dem Begriffe der Kraft und dem des Rechts besteht die intimste Verwandtschaft. Wie der Kraftbegriff aus dem rein logischen Bedingungsverhältnis zwischen Ursache und Wirkung, macht der Rechtsbegriff aus dem rein logischen Bedingungsverhältnis zwischen Tatbestand und Rechtsfolge ein „metaphysisches Gummiband".[2])

Im übrigen bedarf sie vielmehr einer Erklärung als einer Widerlegung. „Fast möchte man glauben", sagt schon Brinz[3]) (freilich mit Bezug auf Jhering) „daſs ihn der Eindruck einer philosophischen Schule gefangen hält", und Pfersche[4]) erinnert spezieller daran, „daſs ähnliche Miſsverständnisse wie das der ‚naturhistorischen'

[1]) Vgl. zur Kritik der naturhistorischen Methode Brinz KVS. II S. 1—37, Schloſsmann, Vertrag. 1876. S. 235—243, Pfersche, Methodik. S. 51 ff. und Irrtumslehre des österr. Privatr. 1891. S. 8—12, Bierling, Jur. Grundbegriffe II. S. 263—266, Brodmann, Vom Stoffe des Rechts. 1897. S. 31 ff.

[2]) Genzmer, Begriff des Wirkens. 1902. S. 23.

[3]) KVS. II. S. 35.

[4]) Metkodik. S. 54. Vgl. Brodmann, a. a. O. S. 35.

Ansicht zugrunde liegende, der bei Entstehung derselben herrschenden Richtung ganz geläufig waren, daſs die völlige Vermengung von logisch richtigem und real existierendem das Prinzip der ‚dialektischen Methode' bildete".

Es ist aber noch ein zweites Moment heranzuziehen.[1])

Ein Kausalverhältnis zwischen Tatbestand und Rechtsfolge wird vom Rechtssatze nicht als ein verwirklichter, sondern als ein zu verwirklichender ausgesprochen. Der Gesetzgeber erzählt nicht, daſs dieser Tatbestand diese Rechtswirkung zur Folge habe, sondern er verheiſst, daſs er, der Gesetzgeber, dafür sorgen werde, oder befiehlt, daſs der Untertan dafür sorgen solle, daſs dieser Tatbestand diese Rechtswirkung zur Folge habe. Der Rechtssatz ist nicht ein deklaratorischer, sondern ein konstitutiver, nicht ein feststellender, sondern ein festsetzender Satz, nicht Naturgesetz, sondern Norm.

Die naturhistorische Methode geht von der genau entgegengesetzten Ansicht aus. Indem sie zwischen den Tatbestand und die Rechtsfolge den Rechtskörper einschiebt, schlieſst sie die Lücke, in welche nach der richtigen Anschauung die verheiſsene Wirksamkeit des Gesetzgebers oder die gebotene Wirksamkeit des Untertanen einzutreten hat. Wenn der Tatbestand die Entstehung, die Änderung, den Untergang des Rechtskörpers herbeiführt, und der Rechtskörper unter seiner Einwirkung seinerseits wieder anfängt aus sich Rechtsfolgen hervorzubringen, andere Rechtsfolgen hervorbringt als bisher oder aufhört Rechtsfolgen hervor-

[1]) Vgl. zum folgenden Zitelmann, Irrtum und Rechtsgeschäft. S. 203ff. einer-, Bierling, Jur. Grundbegriffe. S. 266ff. andererseits.

zubringen, so bedarf es zur Hervorbringung usw. der Rechtsfolgen der Einwirkung einer äufseren Macht nicht mehr, braucht also auch der Rechtssatz solche weder zu verheifsen noch zu befehlen, hat nicht mehr konstitutiven, sondern deklaratorischen, erzählenden Inhalt und ist aus einer Norm zum Naturgesetz geworden.

Die Verwechslung von Norm und Naturgesetz lag aber für die historische Schule nahe, aus welcher die naturhistorische Methode wahrscheinlich hervorgegangen ist. Sie betont die Überzeugung der Volksgenossen als Quelle aller Rechtsnormen. Die Rechtsüberzeugung der Volksgenossen bekundet sich aber in der Rechtsbefolgung, und die historische Schule ist deshalb geneigt, das Recht in erster Linie nicht als blofs zu befolgendes, sondern als befolgtes ins Auge zu fassen, als Bindeglied zwischen Tatbestand und Rechtsfolge nicht den ihre Synthese gebietenden oder verheifsenden Willen des Gesetzgebers, sondern die diese Synthese vollziehende Rechtsüberzeugung der Volksgenossen zu denken und so in der Rechtsnorm ein (soziologisches) Naturgesetz zu erblicken.

Zusammenfassend ist also zu sagen, dafs die von der naturhistorischen Methode begangene Verwechslung zwischen Begriff und Ding auf den Geist der dialektischen Methode, die von ihr begangene Verwechslung zwischen Norm und Naturgesetz auf den Geist der historischen Schule zurückzuführen ist.

Reinigen wir die naturhistorische Methode von diesen ihren Fehlern, so können wir sie auch in dieser Fassung für unsere Ansicht in Anspruch nehmen. Das subjektive Recht ist nach unserer Anschauung der Begriff vom Inhalte des Rechtssatzes, also von der Verknüpfung von Tatbestand und Rechtsfolge. Auch nach der hier besprochenen Ansicht ist das subjektive Recht die Verknüpfung von Tatbestand und Rechtsfolge, nur dafs sie sich sie nicht als eine blofs logische und blofs gewünschte, sondern als eine dinghaft existierende vorstellt. Streifen wir diese Hypostasierung ab, so tritt die richtige Ansicht heraus.

Ein wirklicher Gegensatz ist es hingegen, wenn vielfach das subjektive Recht nicht für den Begriff vom Inhalte des Rechtssatzes, sondern für einen im Rechtssatze enthaltenen Begriff, und zwar den der Rechtsfolge, angesehen wird.[1])

Diese Ansicht stützt sich einerseits darauf, dafs zahlreiche Begriffsbestimmungen subjektive Rechte nicht als Bedingungsverhältnisse von Tatbeständen und Rechtsfolgen, sondern schlechthin als Rechtsfolgen definieren, andererseits darauf, dafs in zahlreichen Fällen die Bezeichnungen subjektiver Rechte in den Gesetzessätzen enthalten sind.

Der Unterschied dieser Ansicht von der unsern ist äufserst fein. Während wir in dem subjektiven Recht den Begriff des Bedingungsverhältnisses zwischen Tatbestand und Rechtsfolge sehen, erblickt die Gegenansicht in ihm nur den Begriff der Rechtsfolge. Nun ist sie aber genau so wie wir keineswegs gewillt zu leugnen, dafs diese Rechtsfolge nur unter der Bedingung des Tatbestandes eintrete. Man darf den Gegensatz zwischen ihr und uns also nicht dahin bestimmen, dafs das subjektive Recht nach unserer Ansicht der Begriff davon sei, dafs man unter gewissen Umständen, nach der Gegen-

---

[1]) So insbesondere Eltzbacher, Rechtsbegriffe. 1899. S. 69 und Handlungsfähigkeit I. 1903. S. 104ff. Das Recht ist „die begünstigende Seite des Rechtsverhältnisses, das seinerseits wieder der vorschreibende Teil der Rechtsnorm ist“.

ansicht der Begriff davon, daſs man unbedingt etwas tun dürfe oder könne. Wenn die Gegenansicht das subjektive Recht schlechthin als ein rechtliches Können oder Dürfen bestimmt, so ist darunter nicht ein unbedingtes Können oder Dürfen, sondern vielmehr ein Können oder Dürfen ohne Rücksicht auf Bedingtheit und Unbedingtheit, oder, da es ja in Wirklichkeit stets bedingt ist, ein Können und Dürfen unter Abstraktion von seiner Bedingtheit zu verstehen. Der ganze Unterschied besteht darin, daſs nach unserer Auffassung die Bedingtheit der Rechtsfolge durch den Tatbestand Begriffsmerkmal des subjektiven Rechts, nach der Gegenansicht eine Bedingtheit des realen Eintritts eines dem Begriffe „subjektives Recht“ subsumierbaren Sachverhaltes sind.

Da nach der Gegenansicht die Bedingtheit durch den Tatbestand nicht Begriffsmerkmal ist, nur Begriffsmerkmale aber als Einteilungsgründe für Unterarten eines Begriffs dienen können, ist nachgewiesen, daſs man in praxi nicht der Gegenansicht huldige, sobald dargetan wird, daſs ein einziger Rechtsbegriff nur durch die Bedingtheit durch einen bestimmten Tatbestand von andern Rechtsbegriffen unterschieden wird.

Nun bestimmt man in der Tat zahlreiche subjektive Rechte durch ihren Tatbestand. Mag man das dingliche und das obligatorische Recht als Gattungsbegriff, mag man auch die einzelnen dinglichen Rechte immerhin allein als Rechtsfolgen definieren: sobald man die einzelnen obligatorischen Rechte von einander unterscheiden will, muſs man dazu ihre Tatbestände heranziehen. Die Rechte aus Rechtsgeschäften von denen aus Delikten, die Rechte aus dem Kaufvertrag von denjenigen aus dem Mietvertrag unterscheiden. Und ich wüſste nicht, wie man etwa das Notrecht (§ 904 BGB.)

anders bestimmen könnte denn als das Recht, auf eine fremde Sache einzuwirken, wenn die Einwirkung zur Abwendung eines unverhältnismäfsig grofsen Schadens notwendig ist.

Es ist damit nachgewiesen, dafs das subjektive Recht der Begriff nicht allein von der Rechtsfolge, sondern von der Rechtsfolge in ihrer Bedingtheit durch den Tatbestand ist, und es bleibt nur noch darzutun, wie die Beweisgründe der Gegenansicht, nämlich erstlich das Vorkommen von Rechtsdefinitionen, die nur auf die Rechtsfolge blicken, und zweitens das Vorkommen von Bezeichnungen subjektiver Rechte in Gesetzessätzen, sich vom Standpunkte unserer Ansicht erklären lassen.

Dafs in die Definitionen zahlreicher Rechte die Bedingtheit durch einen Tatbestand nicht aufgenommen wird, dafs beispielsweise das Eigentum bestimmt wird als das Recht, soweit nicht das Gesetz oder Rechte Dritter entgegenstehen, mit einer Sache nach Belieben zu verfahren und andere von der Einwirkung auszuschliessen, findet seine Erklärung einfach darin, dafs eine Definition nicht alle Merkmale des definierten Begriffs zu enthalten braucht. Als sog. diagnostische Definition [1]) macht sie nur so viele Merkmale namhaft, als genügen, den Begriff von jedem andern zu unterscheiden, und zur Unterscheidung beispielsweise des Eigentums von allen andern Rechten genügt eben die dafür charakteristische Rechtsfolge. Sein Merkmal ist zwar auch die Bedingtheit durch einen bestimmten Tatbestand, aber dieser bestimmte Tatbestand ist stets gegeben, wo die Rechtsfolge gegeben ist, und es bedarf deshalb zu der

---

[1]) Vgl. Sigwart, Logik. I. 2. A. S. 379f. Gustav Rümelin, Juristische Begriffsbildung. 1878. S. 22ff. Dagegen Eltzbacher, Rechtsbegriffe. S. 77/78.

Diagnose, daſs ein geltend gemachtes Recht Eigentum sei, nur der Konstatierung der Rechtsfolge.

Bleibt also nur noch das Vorkommen der Bezeichnungen subjektiver Rechte im Gesetzestexte zu erklären. Ist es mit unserer Ansicht, daſs die subjektiven Rechte die Begriffe vom Inhalte der Rechtssätze seien, vereinbar? Es kann doch ein Begriff, von welchem etwas ausgesagt wird, nicht zugleich der Begriff von der Aussage über ihn selbst sein.

Ein Beispiel bieten die §§ 937, 958, 903 BGB. §§ 937 und 958: „Wer eine bewegliche Sache zehn Jahre im Eigenbesitze hat", bezw. „wer eine herrenlose bewegliche Sache in Eigenbesitz nimmt, erwirbt das Eigentum an der Sache". § 903: „Der Eigentümer einer Sache kann, soweit nicht das Gesetz oder Rechte Dritter entgegenstehen, mit der Sache nach Belieben verfahren und andere von jeder Einwirkung ausschlieſsen".

Die Durchsicht des Gesetzestextes lehrt nun, daſs, wenn der Begriff eines subjektiven Rechtes im Gesetze überhaupt namhaft gemacht wird, er niemals nur einmal, sondern stets, wie auch im Falle unseres Beispiels, mindestens zweimal namhaft gemacht wird, in dem einen Falle oder in dem einen Teile der Fälle als von einem Tatbestande bedingt, in dem andern Falle oder dem andern Teile der Fälle als eine Rechtsfolge bedingend.

Man kann jenen Tatbestand und diese Rechtsfolge nun unter Ausscheidung des subjektiven Rechts in ein direktes Bedingungsverhältnis versetzen, ohne daſs dadurch irgend eine sachliche Änderung gegenüber dem Gesetzestexte einträte. Die §§ 937, 958, 903 beispielsweise kann man zusammenstellen zu dem Satze: „Wer eine bewegliche Sache zehn Jahre im Eigenbesitze hat oder wer eine herrenlose bewegliche Sache in Eigenbesitz nimmt, kann, soweit nicht das Gesetz oder Rechte Dritter entgegenstehen, mit der Sache nach Belieben verfahren und andere von jeder Einwirkung ausschliefsen."

Die §§ 937, 958, 903 erweisen sich dadurch als Gesetzessätze, die nur redaktionellen Rücksichten ihre Sonderexistenz verdanken, und erst in ihrem Zusammenschlusse einen Rechtssatz bilden. In diesem Rechtssatz ist aber die Bezeichnung des subjektiven Rechts verschwunden. Das subjektive Recht kann demnach auch nicht ein im Rechtssatze enthaltener Begriff sein.

In den Gesetzessätzen bleibt er freilich nichtsdestoweniger enthalten. Aber die Gesetzessätze haben nur den Zweck, im Rechtssatze unterzugehen, und diesem Zweck dient das Vorkommen des subjektiven Rechts in ihnen. Das dabei befolgte logische Gesetz ist das, dafs, wenn zwei Gröfsen einer dritten gleich sind, sie auch untereinander gleich sind, und diese dritte Gröfse ist eben das subjektive Recht. Um aber, wenn ich weifs, dafs $a = x$ und $x = b$ ist, folgern zu können, dafs $a = b$ ist, brauche ich nur zu wissen, dafs x in beiden Sätzen gleich grofs, nicht aber, wie grofs es ist, und so erfüllt auch die Bezeichnung des subjektiven Rechts ihren Zweck, der Zusammenfügung mehrerer Gesetzessätze zum Rechtssatz zu dienen, ohne dafs man ihre Bedeutung zu kennen brauchte.

Das Gesetz hat also nicht die Absicht, der Bezeichnung des subjektiven Rechtes einen bestimmten, für die Wissenschaft verbindlichen Sinn beizulegen. Nun läfst sich aber aus dem Gesetzestexte entnehmen, was der Gesetzgeber sich unter jener Bezeichnung vorgestellt hat. Man braucht dazu nur Gustav Rümelins[1]) feines

---

[1]) G. Rümelin, Juristische Begriffsbildung. 1878. S. 21.

Rezept anzuwenden, „das, was der Rechtssatz anordnet als Merkmal des betreffenden Begriffes darzustellen, und den Rechtssatz dadurch aus einem synthetischen in einen analytischen zu verwandeln". Es folgt dann beispielsweise für die §§ 937, 958, 903 das (beiläufig mit unserer Ansicht übereinstimmende) Ergebnis, das Eigentum ist die Tatsache, daſs, wer eine bewegliche Sache zehn Jahre im Eigenbesitze hat oder wer eine herrenlose bewegliche Sache in Eigenbesitz nimmt, soweit nicht das Gesetz oder Rechte Dritter entgegenstehen, mit der Sache nach Belieben verfahren und andere von jeder Einwirkung ausschlieſsen kann.

Aber diese Feststellung des vom Gesetzgeber zugrunde gelegten Sinnes ist ohne jeden wissenschaftlichen Wert. Der Gesetzgeber verwendet ja diese Bezeichnung des subjektiven Rechts nicht, damit wir unter ihr etwas Bestimmtes verstehen sollen, sondern nur, damit wir die Gesetzessätze zu richtigen Rechtssätzen zusammenschlieſsen. Dazu bedarf es, wie dargetan, der Kenntnis, was er unter dem subjektiven Recht verstehe, nicht. Nachdem aber der Zusammenschluſs erfolgt ist, hat die vom Gesetzgeber verwendete Bezeichnung des subjektiven Rechts für uns jedes Interesse verloren: in den entstandenen Rechtssatz ist er ja nicht übergegangen, und diesen gilt es „voraussetzungslos", unbekümmert um das Vorangegangene zu bearbeiten, also auch ohne Rücksicht auf die Anschauungen des Gesetzgebers, einen Begriff von seinem Inhalte zu bilden. Mit Recht erklärt deshalb Jhering[1]), Konstruktionen des Gesetzgebers besäſsen keine verpflichtende Kraft, und wenn Brinz[2]) dagegen

[1]) Jhering, Geist II. 5. A. S. 371.

[2]) Brinz, KVS. II. S. 29.

einwendet, daſs in diesem Falle auch Legaldefinitionen unverbindlich sein müſsten, verkennt er, daſs eine Konstruktion des Gesetzgebers etwas ganz anderes als eine Legaldefinition ist. Die Legaldefinition entwickelt einen in einem Rechtssatze vorkommenden Begriff, die Konstruktion ist die Bildung eines Begriffs vom Inhalte eines Rechtssatzes. Nun kann freilich der Begriff vom Inhalte eines Rechtssatzes zugleich ein in einem andern Rechtssatze enthaltener Begriff sein. Dann ist, was in Beziehung auf ersteren Rechtssatz Konstruktion ist, in Beziehung auf den letzteren Legaldefinition, und, während ich den Begriff vom Inhalte des Rechtssatzes, insofern er der wissenschaftlichen Terminologie und Klassifikation dient, auch dann frei bilden kann, habe ich, soweit es die Interpretation des andern Rechtssatzes gilt, den vom Gesetzgeber vom Inhalte des ersten Rechtssatzes gebildeten Begriff aufzunehmen.

Das Resultat der Unverbindlichkeit der Konstruktionen des Gesetzgebers ist nicht unwichtig. Denn die Unterschiede zwischen der Konstruktion des Gesetzgebers und derjenigen der Wissenschaft können gröſser sein, als man wohl denken mag. Es handelt sich ja nicht lediglich darum, Begriffe von dem Bedingungsverhältnis eines Tatbestandes zu einer Rechtsfolge aufzustellen: deren Inhalt wäre freilich notwendig gegeben und nur über ihre Namen könnten Gesetzgeber und Rechtsforscher uneins sein. Wir fassen aber vielfach Bedingungsverhältnisse mit verschiedenen Tatbeständen und Rechtsfolgen zu einem Rechtsbegriffe zusammen. Obgleich der Tatbestand des Eigentums durch die Tradition an einen neuen Eigentümer erweitert, die Rechtsfolge dadurch verändert wird, daſs nun ihm die Eigentumsbefugnisse zustehen, bleibt das Recht das gleiche: Eigentum. Und obgleich der Tatbestand des Eigentums durch seine Störung, die Rechtsfolge durch den daraus erwachsenden Anspruch auf Unterlassung der Störung umgewandelt wird, bleibt das Recht das gleiche: Eigentum.[1]) Die Frage, welche Änderungen des Tatbestandes und der Rechtsfolge den gleichen Rechtsbegriff bestehen lassen sollen, ist ein weites Feld der Zwietracht zwischen Gesetzgeber und Gelehrtem.

Wenn im Vorhergehenden lediglich vom subjektiven Rechte die Rede war, so findet doch alles Gesagte auf die Rechtspflicht und das Rechtsverhältnis analoge Anwendung. Sie wurden nur deshalb nicht in die Erörterung hineingezogen, weil infolge minderer Beschäftigung mit ihnen die in Ansehung des Rechts landläufigen Irrtümer und Zweifel für sie nicht aufgetaucht sind.

Es hat sich also gegen alle Einwände unser obiger Satz behauptet: Die subjektiven Rechte, die Rechtspflichten und die abstrakten Rechtsverhältnisse sind, je nach den verschiedenen Ansichten und auf dem Boden jeder von ihnen nach den verschiedenen Gattungen der Rechtssätze, die gesuchten Begriffe von den Inhalten der Rechtssätze.

Es ist dieser Satz nun für die oben zusammen-

---

[1]) Über die methodologische Berechtigung dieser Anschauung kann hier nicht gehandelt werden. Vielleicht ist die Auffassung, daſs trotz Änderung des Tatbestandes und der Rechtsfolge das Recht das gleiche bleibe, eine Folge der Auffassung des Rechts als Rechtskörper. Ein Körper kann der gleiche bleiben, und doch unter der Einwirkung anderer Bedingungen andere Wirkungen hervorbringen. Wenn dagegen das Recht nur der Begriff von dem Bedingungsverhältnis zwischen einem bestimmten Tatbestand und einer bestimmten Rechtsfolge ist, ist nicht einzusehen, was an ihm sich gleich bleibe, wenn sowohl Tatbestand wie Rechtsfolge andere werden.

gestellten verschiedenen Ansichten vom Wesen des Rechts im einzelnen durchzuführen.

Am einfachsten beantwortet sich unsere Frage für die Anschauungen, nach welchen jedem Rechte eine korrelate Pflicht, jeder Pflicht ein korrelates Recht entspricht. Die Antwort ist die gleiche, ob man nun mit der Imperativentheorie die Pflicht, mit der Theorie von dem berechtigenden Inhalt des Rechts das Recht oder mit der mittleren Ansicht für einige Rechtssätze das Recht, für andere die Pflicht für das Primäre ansieht.

Man kann in allen diesen Fällen je nach der Zweckmäfsigkeit entweder die Rechte oder die Pflichten klassifizieren. Man ist vielleicht geneigt anzunehmen, dafs damit in jedem der beiden Fälle nur je eine Hälfte vom Inhalte der Rechtssätze in die Klassifikation eingehe, aber man würde sich damit irren: das Korrelatverhältnis zwischen Recht und Pflicht bedeutet ja gerade, dafs das Recht des einen in der Pflicht des andern, die Pflicht dieses in dem Rechte jenes besteht. Recht wie Pflicht enthalten also je den ganzen Inhalt des Rechtssatzes, nur dafs er in beiden unter verschiedenen Gesichtspunkten, von den verschiedenen Standpunkten der beiden interessierten Parteien, angesehen wird. Die Einteilungsgründe für die Rechte und Pflichten kann man dann, auf den verschiedenen Stufen der Einteilung nach Belieben wechselnd, bald von ihren Tatbeständen, bald von ihren Rechtsfolgen hernehmen.

Wenn nun auch eine einseitige Klassifikation sowohl der Rechte wie der Pflichten logisch möglich ist, so ist doch zweckmäfsiger eine Klassifikation der Inhalte der Rechtssätze, die weder den Standpunkt des Berechtigten, noch den des Verpflichteten, sondern beide zugleich einnimmt, die nicht die Rechte oder die

Pflichten, sondern die Korrelatverhältnisse zwischen Rechten und Pflichten, die Rechtsverhältnisse, klassifiziert. Solche Einteilung hat den Vorzug, daſs man auf ihren verschiedenen Stufen die Rechtsverhältnisse bald nach den in ihnen enthaltenen Rechten, bald nach den in ihnen enthaltenen Pflichten klassifizieren kann, also nicht, wie im Falle der Klassifikation der Rechte und Pflichten, durchgängig nur die einen oder nur die andern bei der Einteilung berücksichtigen kann.

Solches Verfahren würde aber seinen Wert immer nur in der dadurch indirekt erzielten Ordnung der Rechte und Pflichten, nicht aber in der Klassifikation der Rechtsverhältnisse haben. Denn diese gehen nur zum geringsten Teile in sie ein. Das Korrelatverhältnis zwischen Recht und Pflicht bildet nur ein Teilrechtsverhältnis eines zusammengesetzten Rechtsverhältnisses, das seinerseits wiederum Bestandteil eines noch zusammengesetzteren Rechtsverhältnisses ist.[1]) Ein Rechtsverhältnis niederster Ordnung bildet beispielsweise das Recht des Verkäufers auf den Kaufpreis mit der Pflicht des Käufers, ihn zu entrichten. Dieses einfachste Rechtsverhältnis fügt sich mit einem andern einfachsten Rechtsverhältnis, dem Rechte des Käufers auf die Ware und der Pflicht des Verkäufers, sie zu liefern, zu dem zusammengesetzten Rechtsverhältnis Kauf, und dieser wiederum fügt sich dem höchsten privatrechtlichen Rechtsverhältnis, das das gesamte Privatrecht umfaſst, ein. Nur jene einfachsten Rechtsverhältnisse gehen aber in die Klassifikation ein. Man würde irren, wenn man in den ihn übergeordneten Rechtsverhältnissen die zusammengesetzteren Rechtsverhältnisse wieder-

[1]) Vgl. Bierling an den oben S. 33 Anm. zitierten Stellen.

zufinden erwartete. Dem Rechte des Käufers aus einem Kaufvertrage ordnen sich sukzessive über das Recht irgend einer der beiden Parteien aus dem Kaufvertrage, das Forderungsrecht aus einem Vertrage, aus einem Rechtsgeschäft, das Forderungsrecht überhaupt, das subjektive Recht. Für das Rechtsverhältnis des Kaufes und das grofse Privatrechtsverhältnis ist hier kein Platz. Jene trügerische Erwartung beruht auf einer Verwechselung der Einteilung eines Begriffs in seine Arten (divisio in species) mit der Zerteilung eines Dinges in seine Glieder (partitio in membra). In jenem Verhältnis stehen die in der Klassifikation einander über- und untergeordneten, in diesem die einfachen und die zusammengesetzten Rechtsverhältnisse zueinander.[1])

Soweit die Vertreter der Imperativentheorie und der Theorie von dem lediglich berechtigenden Inhalte des Rechts annehmen, dafs nicht jeder, sondern nur einzelnen Pflichten korrelate Rechte, nicht jedem, sondern nur einzelnen Rechten korrelate Pflichten gegenüberstehen, steht ihnen die Wahl zwischen einem System der Pflichten und einem System der Rechte nicht mehr frei, können sie auch nicht die Rechtsverhältnisse zum Gegenstande der Klassifikation machen, müssen vielmehr die ersteren ein System von Pflichten, die letzteren ein System von Rechten aufstellen. Denn Inhalt sämtlicher Rechtssätze sind in dem einen Falle nur Pflichten, in dem andern nur Rechte.

Billigen endlich die Vertreter der mittleren Theorie nicht, dafs jeglichem Rechte eine Pflicht gegenüberstehe, oder, dafs die einem Rechte gegenüberstehende Pflicht ihm korrelat sei, oder verwerfen sie endlich beides, so

---

[1]) Vgl. Bierling, Z. X. S. 261 ff. Jur. Grundbegriffe II. S. 172—174.

vermögen sie zu einem Rechtssystem überhaupt nur zu kommen, wenn es ihnen gelingt, einen Oberbegriff für Recht und Pflicht zu finden. Denn sonst zerfallen nach ihrer Ansicht die Rechtssätze in zwei Gattungen mit völlig disparatem Inhalt — teils Rechten, teils Pflichten — und sie vermöchten dann nur jede dieser beiden Gattungen von Rechtsgedanken für sich zu klassifizieren.

Zum Schlusse dieses Abschnitts die Frage, welches der oberste Begriff der Rechtsklassifikation sei? Und ob es einen einzigen obersten Begriff überhaupt geben könne?

Man könnte zaudern, die zweite Frage zu bejahen. Die Rechtsdeduktion, durch welche die Rechtssätze herausgestellt werden, mufs notwendig in mehreren Urteilen gipfeln: Aus einem Urteile kann man keinen Schlufs ziehen, geschweige denn ein ganzes System von Schlüssen entwickeln. Die Rechtsklassifikation hat aber die Begriffe vom Inhalte der durch die Rechtsdeduktion herausgestellten Rechtssätze zum Gegenstand. Danach scheint der Schlufs zwingend, dafs sie in einer Mehrheit von Begriffen gipfeln mufs.

Diese Argumentation wäre dennoch irrig. Sie übersieht, dafs von den mehreren Urteilen, von denen die Rechtsdeduktion ausgehen mufs, nur einer ein Rechtssatz zu sein braucht, wenn die deduzierten Sätze Rechtssätze sein sollen. Nur einer braucht an einen bestimmten Tatbestand eine bestimmte Rechtsfolge zu knüpfen. Die übrigen können Subsumtionsurteile sein, die dem Tatbestande dieses Rechtssatzes einen speziellen Tatbestand oder seiner Rechtsfolge eine spezielle Rechtsfolge unterordnen. Wenn somit die Rechtsdeduktion, wenn auch in mehreren Urteilen, so doch in nur einem einzigen Rechtssatze gipfeln kann, kann auch die Rechtsklassifikation in den Begriff vom Inhalt eines einzigen Rechtssatzes, in einen einzigen Rechtsbegriff, auslaufen.

Man neigt vielfach zu der Ansicht, daſs dieser oberste Begriff der des objektiven Rechts sei.[1]) Diesen pflegt man auf zwei Weisen zu definieren: entweder rein formal als den allgemeinen Willen, die Gesamtheit der Rechtsnormen oder ähnlich, oder material als die durch den allgemeinen Willen aufrechterhaltene Ordnung der Lebensverhältnisse oder ähnlich. Die beiden Definitionen verhalten sich zu einander wie die juristische Deduktion und die juristische Klassifikation. Die erste nimmt die Rechtssätze als Urteile hin, die zweite formt aus ihrem Inhalte einen Begriff. Aber ebensowenig wie die Gesamtheit der Rechtsnormen als solche eine Position der Rechtsdeduktion darstellt, ebensowenig bildet die staatliche Ordnung des Zusammenlebens einen Begriff, geschweige denn den Oberbegriff, der Rechtsklassifikation. Denn die Gesamtheit der Rechtssätze ist eben nicht ein einzelner Rechtssatz, sondern die Summe aller, die an der Rechtsdeduktion teilnehmen, und die Ordnung des Zusammenlebens ist nicht ein Inhalt, der allen Rechtsbegriffen gemeinsam wäre und über den hinaus denn noch ein jeder seinen individuellen Inhalt hätte, sondern der Begriff von dem Inhalte sämtlicher Rechtsbegriffe zusammengenommen. Der einzelne Rechtsbegriff stellt nicht eine Art der Ordnung der gesamten Lebensverhältnisse dar, sondern die Ordnung einer Art von Lebensverhältnissen. Er verhält sich zum Begriff des objektiven Rechts also nicht wie die Art zur Gattung, sondern wie der Teil zum Ganzen. Das objektive Recht

---

[1]) Vgl. z. B. Sohm, Institutionen. 7. A. S. 32.

kann mithin der Oberbegriff der Rechtsklassifikation nicht sein.

Welches aber dieser Oberbegriff wirklich ist, ist leicht zu beantworten. Ist das Rechtssystem ein System von subjektiven Rechten, so ist es das subjektive Recht. Ist das Rechtssystem ein System von Rechtspflichten, so ist es die Rechtspflicht. Ist das Rechtssystem ein System von einfachsten Rechtsverhältnissen, so ist es das einfachste Rechtsverhältnis. Und treffen endlich alle diese Voraussetzungen nicht zu, so ist es der Oberbegriff von Recht und Pflicht.

VIII.

In keinem juristischen Lehr- oder Handbuche finden wir nun die Begriffspyramide, deren Grundfläche die Unzahl der Begriffe vom Inhalt speziellster Lehrsätze und deren Spitze ein einziger Begriff bildet, in der Tat verwirklicht. Sie bilden alle nur Teile von ihr, fuſsend nur in einem Teil der speziellsten Begriffe und demgemäſs gipfelnd, nicht in dem Oberbegriff der groſsen Begriffspyramide, sondern in einem konkreteren, jenem obersten Begriff subsumierbaren Begriffe. Auch zusammengenommen reichen sie nicht zu jenem hinan: sie gleichen dann, um im Bilde zu bleiben, einer abgestumpften Pyramide, deren Grundfläche zwar sämtliche speziellste Begriffe, deren Schnittfläche aber nur die Summe der obersten Begriffe der einzelnen kleineren Begriffssysteme bildet, und die erst zusammengenommen mit einer zweiten Pyramide, die ihre Schnitt- zur Grundfläche, zum Gipfelpunkt aber jenen einen höchsten Rechtsbegriff hat, das gesamte Rechtssystem darstellt. Die Teile der abgestumpften Pyramide sind die juristischen Disziplinen,[1]) die auf ihrer Schnittfläche errichtete Pyramide die allgemeine Rechtslehre.

Die Einteilung in allgemeine Rechtslehre und Einzeldisziplinen und sodann in die einzelnen Einzeldisziplinen durchkreuzt die Klassifikation der Rechtsbegriffe. Das Eingeteilte, die Art der Einteilung, der Einteilungsgrund, alles dieses ist hier anders als dort. Dort wird ein oberster Begriff in seine Arten und Unterarten eingeteilt, hier wird das ganze dadurch entstandene System, die Gesamtheit, bestehend aus dem obersten Begriff, den Artbegriffen und den näheren und entfernteren Unterartbegriffen, zerlegt, so daſs beispielsweise der oberste Rechtsbegriff, der dort nicht selbst Teil, sondern nur Eingeteiltes ist, hier nur den Teil eines Teils, der allgemeinen Rechtslehre, bildet. Und die Gesamtheit der Rechtsbegriffe wird nicht etwa, wie der Oberbegriff bei der Klassifikation, als Gattung in Arten, sondern als Ganzes in Teile zerlegt. Dort handelt es sich um eine divisio des obersten Rechtsbegriffs in species, hier um eine partitio sämtlicher Rechtsbegriffe in membra.

Die Einteilung in die allgemeine Rechtslehre und die Einzeldisziplinen ist nun aus dem praktischen Bedürfnis der Arbeitsteilung entsprungen. Sie ist nicht, wie die Deduktion und die Klassifikation Zweck, sondern

---

[1]) Es bedarf wohl nur kurzer Erwähnung, daſs das historische Verhältnis der Disziplinen zur Rechtsklassifikation das umgekehrte ist, wie das im Text gekennzeichnete logische. Logisch ist die Einteilung in Disziplinen eine Aufteilung der Klassifikation der Rechtsbegriffe. Historisch sind die Rechtsbegriffe innerhalb der einzelnen Disziplinen entstanden und dann erst zu der die Schranken der Disziplinen durchbrechenden Klassifikation zusammengetreten.

lediglich Mittel der Rechtswissenschaft, das mit ihrer Vollendung zu einer fertigen Wissenschaft verschwinden würde. Es brauchen also auch die Einteilungsgründe nur praktische, nicht wissenschaftlich interessante Gesichtspunkte zu sein.

Ohne wissenschaftliches Interesse ist nun freilich der Gesichtspunkt, der das Arbeitsgebiet der allgemeinen Rechtslehre von dem der Einzeldisziplinen scheidet, derjenige der gröſseren oder geringeren Abstraktheit der die Arbeitsgebiete ausmachenden Rechtsbegriffe. Dagegen sind die Summen von Begriffen, welche den Gegenstand der einzelnen Einzeldisziplinen bilden, zugleich wissenschaftlich bedeutsame Gebilde: abstrakte Rechtsverhältnisse.

Wir begegneten bereits den einfachen Rechtsverhältnissen. Wir sahen, daſs nur sie in der Klassifikation der Rechtsbegriffe eingingen, nicht aber die zusammengesetzten Rechtsverhältnisse, da sie sich zu ihnen nicht wie Gattungen zu Arten, sondern wie Ganze zu Teilen verhalten. Hier erhalten wir nun die gesamten Rechtsverhältnisse, von den einfachen bis zu den zusammengesetztesten, in ihrer Gliederung.

Bierling[1]) hat nämlich (wie vor ihm schon Puchta[2])) ausgeführt, daſs der Gegenstand der beiden, weitesten Disziplinen, das öffentliche und das Privatrecht, je ein Rechtsverhältnis und je den einen Teil des noch zusammengesetzteren Rechtsverhältnisses Staat bilden, und daſs hinwiederum die engeren Disziplinen und Arbeitsgebiete innerhalb der beiden groſsen Disziplinen des

---

[1]) Vgl. Bierling, Juristische Grundbegriffe II. S. 150 ff.

[2]) Vgl. Puchta, Jnstitutionen I. 6. A. 1865. S. 48.

öffentlichen und des Privatrechts je ein Teilrechtsverhältnis der Rechtsverhältnisse öffentliches und Privatrecht zum Gegenstand haben.

Teilrechtsverhältnisse können sich nun zu zusammengesetzten Rechtsverhältnissen zusammenschliefsen entweder, weil sie den gleichen Inhalt, oder weil sie dieselben Subjekte haben.[1]) Rechtsverhältnisse, die mit andern weder den Inhalt noch die Subjekte gemein haben, können also Teilrechtsverhältnisse nicht sein. Nun können zwar dem Rechtsverhältnisse, das ein bestimmter Staat darstellt, Teilrechtsverhältnisse, die miteinander entweder gleichen Inhalt oder gleiche Subjekte haben, eingegliedert sein; das Rechtsverhältnis, welches ein bestimmter Staat darstellt, selbst hat aber weder mit dem Rechtsverhältnis, das irgend ein anderer Staat darstellt, noch mit demjenigen, das die Völkerrechtsgemeinschaft, noch endlich mit dem, welches die Kirche darstellt, Inhalt oder Subjekte gemein. Die Rechte zweier verschiedener Staaten, Völkerrecht und Recht eines Staates, Kirchenrecht und Recht eines Staates haben sowohl verschiedene Rechtsgenossen, als verschiedene Inhalte, wären auch alle einzelnen Rechtssätze vielleicht die gleichen, so bliebe jedenfalls der Rechtssatz, der die gesetzgebende Macht bestimmt, stets für die verschiedenen Staaten verschieden. Es folgt also, dafs das Völkerrecht, das Kirchenrecht, die Rechte verschiedener Staaten nicht als Teilrechtsverhältnisse miteinander in ein zusammengesetztes Rechtsverhältnis eingehen können, dafs das Recht nicht schliefslich ein höchst zusammengesetztes, sondern eine Anzahl, vielleicht eine Unzahl,

---

[1]) Vgl. Bierling, a. a. O. S. 143.

unvermittelt nebeneinander bestehender Rechtsverhältnisse bildet.[1] [2]

Dem Verhältnis des Teilrechtsverhältnisses zum zusammengesetzten Rechtsverhältnis will nun Bierling[3] die Bezeichnung der Systematik vorbehalten wissen, während er die Einteilung nach Gattung und Art nur als Klassifikation bezeichnet wissen will. Er würde den Ausdruck System in dem gleichen Sinne gebrauchen, in welchem er etwa in dem Worte Nervensystem vorkommt: für ein aus realen Teilen zusammengesetztes reales Ganze. Es dürfte jedoch zweifelhaft sein, ob diese Terminologie die Zustimmung der Logiker finden würde. Zum Wesen des Systems gehört, dafs man seine einzelnen Glieder auf logischem Wege aus andern Gliedern gewinnen kann.[4] Durch Determination des obersten Begriffes und sodann der aus ihm durch Determination gewonnenen Begriffe schreitet man bei der Klassifikation zu immer neuen Begriffen fort, durch Paarung des Obersatzes mit dem Untersatze und des aus ihnen gewonnenen Schlufssatzes mit einem neuen Untersatze gelangt man bei der Deduktion zu immer neuen Urteilen. Dagegen vermag man die realen Teile eines realen Ganzen nicht durch

---

[1] Vgl. Bierling, a. a. O. S. 148—150.

[2] Nur als Teile eines und desselben Rechtsverhältnisses lassen sich die Rechtsverhältnisse Kirche, Völkerrechtsgemeinschaft, bestimmter Staat nicht auffassen, wohl dagegen als Arten eines und desselben Rechtsverhältnisses als Gattungsbegriffs. Über die verschiedenen Möglichkeiten, wie die Verschiedenheit der Staaten zur Systematisierung des Rechts verwendet werden können vgl. Eltzbacher, Rechtsbegriffe. S. 37 ff.

[3] Vgl. Bierling, a. a. O. S. 148/149.

[4] Sigwart, Logik II. 2. A. S. 695: „Die Systematik hat die Aufgabe, die Totalität der in irgend einem Zeitpunkte erreichten Erkenntnisse als ein Ganzes darzustellen, dessen Teile durchgängig in logischen Verhältnissen verknüpft sind."

irgend welche logische Operation aus dem Ganzen abzuleiten, sondern nur durch die Erfahrung kennen zu lernen. Es mufs deshalb der Einteilung der Rechtswissenschaft in Disziplinen die Bezeichnung System versagt bleiben.

IX.

Die Durchkreuzung der Klassifikation der Rechtsbegriffe durch die Einteilung in Disziplinen führt nun zu einer weiteren systematischen Darstellungsform.

Bei der Klassifikation schreitet man von dem weitesten Begriff zu immer engeren dadurch fort, dafs man ihn und dann wiederum die aus ihm gewonnenen immer engeren Begriffe durch je ein neues Merkmal determiniert. Die Handlung wird näher bestimmt als rechtswidrige oder als rechtmässige, die rechtswidrige Handlung als schuldhafte oder schuldlose, die schuldhafte rechtswidrige Handlung als strafbare oder straffreie. Steigt man vom weitesten Begriff zum engsten hinab, so braucht man mithin bei jedem Schritt nur ein neues Merkmal hinzuzulernen.

Die Einteilung in Disziplinen unterbricht aber, wie wir sehen, den Abstieg vom allgemeinsten zum speziellsten Begriff bei den beiden von uns unterschiedenen Klassifikationen an einem bestimmten Punkte. Das Strafrecht steigt nicht vom Begriffe der Handlung durch den der rechtswidrigen und der schuldhaften rechtswidrigen Handlung zum Begriffe der strafbaren schuldhaften rechtswidrigen Handlung, des Verbrechens, und sodann zu den einzelnen Verbrechen herab, sondern setzt erst beim Verbrechen ein und überläfst die Stufenleiter von der Handlung herab zum Verbrechen der allgemeinen Rechtslehre.

Könnte das Strafrecht sich nun jetzt schon auf die Vorarbeiten einer verläſslichen allgemeinen Rechtslehre stützen, so brauchte es, um das Wesen des Verbrechens klarzustellen, nur seine differentia specifica gegenüber dem Delikt, der schuldhaften rechtswidrigen Handlung, nämlich die Strafbarkeit anzuführen. Da aber die allgemeine Rechtslehre bisher nur ein Programm ist, kann das Strafrecht sich nicht begnügen, das Verbrechen nur durch das es vom Delikt unterscheidende Merkmal zu bezeichnen, sondern muſs die ganze Fülle seiner Merkmale, auſser der Strafbarkeit auch Schuldhaftigkeit, Rechtswidrigkeit und Handlung, vor uns ausbreiten.

Hat dies nun notwendig in einer bestimmten Reihenfolge zu geschehen? [1])

Die ältere Logik leugnete es. Nach ihrer Auffassung ist der Begriff nur die Summe seiner Merkmale, stehen diese Merkmale aber untereinander in keinerlei Beziehungen und können deshalb in beliebiger Reihenfolge zur Darstellung gebracht werden.

Die neuere Logik ist andern Sinnes geworden. Sie sieht in dem Begriffe nicht ein bloſses Konglomerat von Merkmalen, einzelne Merkmale stehen in ihm vielmehr zu andern Merkmalen in Beziehungen, dergestalt, daſs sie nur unter der Voraussetzung des Vorliegens dieser Merkmale denkbar sind. Insbesondere ordnen sie sich den drei realen Kategorien unter: die Eigenschaft oder die Tätigkeit ist nicht ohne das Ding oder (freilich mit Vorbehalt) grammatisch gesprochen, das Adjektivum oder Verbum nicht ohne das Substantivum denkbar. Der

---

[1]) Vgl. zum folgenden Trendelenburg, Logische Untersuchungen. II. 1840. S. 158ff. Sigwart, Logik. I. 2. A. 1889. S. 328ff. Rümelin, Juristische Begriffsbildung. 1878. S. 32ff.

Begriff wird also **nicht** durch die Analyse in seine Merkmale erschöpft, es hat **vielmehr** eine rekonstruierende Synthese hinzuzutreten, und bei dieser kann ich ein Merkmal, das auf ein anderes bezogen ist, nicht vor diesem andern Merkmal denken: Wenn „rechtswidrig“ nichts als Eigenschaft einer Handlung ist, so mufs ich vor dem Merkmal rechtswidrig das Merkmal Handlung denken, wenn „schuldhaft“ nichts als Eigenschaft einer rechtswidrigen Handlung ist, mufs ich vor dem Merkmal schuldhaft das Merkmal rechtswidrige Handlung, wenn schliefslich „strafbar“ nichts als Eigenschaft einer schuldhaften rechtswidrigen Handlung ist, so mufs ich vor dem Merkmal strafbar das Merkmal schuldhafte rechtswidrige Handlung denken.

Einschränkend ist freilich hinzuzufügen, dafs nicht stets, wie in dem gewählten Beispiel, jedes Merkmal zu allen andern in Beziehung steht. In dem Begriff des gleichseitigen rechtwinkligen Dreiecks sind zwar gleichseitig und rechtwinklig nur Eigenschaften des Dreiecks, also erst nach dem Merkmal Dreieck denkbar. Es kann aber weder gleichseitig nur ein rechtwinkliges, noch rechtwinklig nur ein gleichseitiges Dreieck sein, so dafs die Merkmale rechtwinklig und gleichseitig in beliebiger Reihenfolge gedacht werden können. Wenn es danach auch eine zwingende Reihenfolge für das Denken aller Merkmale nicht stets gibt, so ist doch immer ein Merkmal vorhanden, auf das alle andern bezogen sind, und dem deshalb der Vortritt vor allen andern gebührt, während diese andern sich ihm dann in bunter Reihe anschliefsen dürfen.

Die Reihenfolge, in welcher man bei der Synthese des Begriffs aus seinen Merkmalen diese Merkmale denken mufs, ist nun notwendig die gleiche, wie die, in welcher man die Merkmale hinzudenken muſs, wenn man zu diesem Begriffe von seinem Gattungsbegriffe aus durch fortschreitende Determination herabsteigen will, oder die umgekehrte, in welcher man die Merkmale wegdenkt, wenn man von diesem Begriffe durch fortschreitende Abstraktion zu seinem Gattungsbegriffe hinaufsteigt. Denn einem Begriffe kann nur ein kategorial gleicher Begriff übergeordnet sein, die Kategorie eines Begriffs wird aber bestimmt durch das Merkmal, auf welches alle andern bezogen sind. Folglich kann auch nur dieses Merkmal seinen Gattungsbegriff bilden. Um also vom Art- zum Gattungsbegriff aufzusteigen, darf man die Merkmale, auf welche andere Merkmale bezogen sind, nicht vor diesen Merkmalen wegdenken und kann man andererseits, um vom Gattungsbegriffe zum Artbegriffe herabzusteigen, ein Merkmal, welches auf andere Merkmale bezogen ist, nicht vor diesen Merkmalen hinzudenken (es sei denn, daſs man zugleich eine kategoriale Verschiebung [1]) des auf das andere bezogenen Merkmals vornimmt, indem man etwa dem Begriffe gleichseitiges Dreieck überordnet „etwas Gleichseitiges", wobei sich in dem Wörtchen „etwas" ein Gattungsbegriff von „Dreieck" doch wieder einschliche). Wie also bei der Aufzählung der Merkmale des Verbrechens Handlung, Rechtswidrigkeit, Schuldhaftigkeit und Strafbarkeit einander zu folgen haben, so folgen einander auch bei der Gewinnung des Begriffs Verbrechen durch Determination aus seinem Gattungsbegriff Handlung Rechtswidrigkeit, Schuldhaftigkeit, Strafbarkeit.

Auch hier ist freilich einschränkend zu bemerken, daſs es ebensowenig, wie für die Reihenfolge in der

---

[1]) Vgl. Wundt, Logik. I. 2. A. S. 123 ff.

Aufzählung aller Merkmale, auch für die Stufenleiter aller Gattungs- und Artbegriffe stets eine bestimmte Regel gibt, dafs man von dem Begriffe rechtwinkliges gleichseitiges Dreieck zwar stets zum Begriffe Dreieck, aber nach Belieben entweder durch den Begriff des gleichseitigen oder durch den Begriff des rechtwinkligen Dreiecks aufzusteigen vermag, dafs bei dieser freiwilligen Reihenfolge für die Synthese der Merkmale zum Begriffe und für die Determination des Gattungsbegriffs zum Artbegriff die gleiche Wahl nicht notwendig getroffen zu werden braucht, dafs aber auch hier ein Merkmal, und zwar dasselbe, welches bei der Synthese der Merkmale notwendig voranzugehen hat, notwendig den Gattungsbegriff, den Ausgangspunkt der Determination zu bilden hat.

In der Aufeinanderfolge der Merkmale eines Begriffs spiegelt sich mithin die Aufeinanderfolge der entfernteren und näheren Gattungsbegriffe dieses Begriffs, seine Stellung in einer Klassifikation ähnlich wie nach Häckels biogenetischem Grundgesetz in der Ontogenese die Phylogenese. Da in unserem Falle die Bestimmung des Begriffs Sache der einzelnen Rechtsdisziplin, seine Klassifikation Sache der allgemeinen Rechtslehre ist, spiegelt sich also in dem Aufbau der Merkmale eines Begriffs innerhalb einer Disziplin seine Klassifikation durch die allgemeine Rechtslehre.

Man bezeichnet nun häufig die notwendige Reihenfolge der Merkmale eines Begriffs als ein System dieser Merkmale; der Jurist tut es, wenn er von einem System des allgemeinen Teils irgend einer Disziplin redet, da doch ein solcher stets nur einen Begriff zum Gegenstande hat, das Mehrere, was als systematisiert bezeichnet werden kann, also allein seine Merkmale sein können,[1]) und auch dem Logiker entschlüpft gelegentlich die gleiche Bezeichnung.[2]) Unsere Überlegungen beweisen, dafs es nicht zu Unrecht geschieht.

Die Reihenfolge der Merkmale bei der rekonstruierenden Synthese des Begriffs ist genau die gleiche wie diejenige bei der sukzessiven Determination seines Gattungsbegriffs zu ihm als dem Artbegriff. Und dies ist keine zufällige Übereinstimmung, vielmehr ist in beiden Fällen das Verfahren genau das gleiche. Die rekonstruierende Synthese erfolgt derart, dafs auf ein Merkmal andere bezogen, jenes durch diese bestimmt, determiniert wird. Das Merkmal ist aber selbst wiederum ein Begriff, und zwar der Gattungsbegriff des durch die rekonstruierende Synthese herzustellenden Begriffs; den Gattungsbegriff durch spezifische Merkmale differenzieren heifst aber zum Artbegriffe hinabsteigen.

Endlich ist auch der Zweck in beiden Fällen der gleiche. Zwar ist nur bei der Synthese der Merkmale eines Begriffs in erster Linie daran gelegen, den Inhalt des Begriffs, nur bei der Determination des Gattungsbegriffs in erster Linie daran, den Umfang dieses Gattungsbegriffs kennen zu lernen. Das spricht sich insbesondere dann aus, dafs man im letzteren Falle alle seine Arten und Unterarten berücksichtigt, im ersteren alle diejenigen beiseite läfst, die nicht zugleich Gattungsbegriffe des in Frage stehenden Begriffes sind. Die allgemeine Rechts-

---

[1]) Als „systematisch-deduktive Darstellung" (so v. Liszt, Z. VI. S. 688) wird man die Darstellung der Merkmale eines Begriffs jedoch wohl nicht bezeichnen dürfen.

[2]) Sigwart, Logik I. 2. A. 1889. S. 328: „Die Analyse führt niemals auf lauter isolierte Elemente, sondern nur auf ein System aufeinander bezogener Funktionen." Wundt, Logik II 1. 2. A. S. 39 führt sogar die Definition als „Form der systematischen Darstellung" auf.

lehre berücksichtigt rechtmäſsige wie rechtswidrige, schuldlose wie schuldhafte, straffreie wie strafbare, das Strafrecht nur die an zweiter Stelle genannten Handlungen. Aus unserer Einsicht, daſs die Einzeldisziplin nur dort mehrere Merkmale eines Begriffs aufzählen muſs, wo die allgemeine Rechtslehre ihre Pflicht nicht getan hat, ergibt sich aber, daſs die Einzeldisziplin nicht nur für ihre Zwecke zu arbeiten, sondern, soweit sie daran interessiert ist, die Geschäfte der allgemeinen Rechtslehre zu besorgen, ihren Begriff nicht nur klarzustellen, sondern auch zu klassifizieren bezweckt.

Wenn man nun das Verfahren der allgemeinen Rechtslehre als systematisch bezeichnet, wird man die gleiche Bezeichnung dem nach Art und Weise, Ergebnis und, wenigstens insofern sie zugleich Geschäfte der allgemeinen Rechtslehre besorgt, Zweck gleichem Verfahren der Einzeldisziplin nicht vorenthalten dürfen.

X.

Ich resumiere:

Man hat streng zu scheiden:

1. die Klassifikation der in den Rechtssätzen enthaltenen, der „rechtlich relevanten“ Begriffe,

2. die Deduktion der Rechtssätze, die dieser ersten Klassifikation zu folgen hat,

3. die Klassifikation der Begriffe von den Inhalten der Rechtssätze, der „Rechtsbegriffe“, die ihrerseits der Deduktion zu folgen hat.

Rechtsbegriffe sind die subjektiven Rechte, Rechtspflichten, Rechtsverhältnisse. Die zweite Klassifikation ist mithin, je nach den verschiedenen Anschauungen vom

Stoffe des Rechts, ein System von Rechten, Pflichten, Rechtsverhältnissen.

Beide Klassifikationen werden unterbrochen durch die Einteilung in Disziplinen. Ein Begriff, der dadurch aus dem Zusammenhange mit seinem Gattungsbegriff herausgerissen wird, kann nicht lediglich mittels seiner differentia specifica, muss vielmehr mittels seiner sämtlichen Merkmale beschrieben werden. Diese Merkmale müssen genau in der gleichen Reihenfolge aufgebaut werden, in der sie uns beim Fortschreiten vom Gattungsbegriff zum Artbegriff bekannt werden.

Zweiter Teil.

Der Handlungsbegriff in seiner Bedeutung für das Strafrechtssystem.

I.

Alle „allgemeinen Teile“ stellen Punkte dar, an denen der Strom der Merkmale eines Begriffs sich aufstaut, weil es ihm versagt ist, in der Gestalt näherer und entfernterer Gattungsbegriffe in die allgemeine Rechtslehre abzufliessen. Wenn man von dem System eines allgemeinen Teils redet, so versteht man darunter also das System der Merkmale eines Begriffs in dem oben unter IX festgestellten Sinne.

Das Strafrecht hat zum Gegenstande den Rechtssatz, dass auf das Verbrechen Strafe stehe. Es nimmt ihn als Axiom hin, ihn zu deduzieren, überläſst es der allgemeinen Rechtslehre. Auch die Deduktion aus ihm hat im Strafrecht geringe Bedeutung; da der Satz nullum crimen sine lege verbietet, aus ihm im Gesetz nicht ausgesprochene Schlüsse zu entwickeln, hat sie nur die Aufgabe, die im Gesetz ausgesprochenen Sätze zu beweisen, oder, von der andern Seite betrachtet, sich an ihnen als richtig induziert zu bewähren.

Der strafrechtlichen Deduktion hat voranzugehen die Klassifikation der in den von ihr deduzierten Sätzen enthaltenen Begriffe, ihrer Tatbestände und ihrer Rechtsfolgen, des Verbrechens als Gattungsbegriffs und der einzelnen Verbrechen, der Strafe als Gattungsbegriffs und der einzelnen Strafen, und nachzufolgen die Klassifikation der Begriffe vom Inhalte der von ihr deduzierten Sätze, des subjektiven Strafrechts und der subjektiven Strafrechte.

Die Klassifikation der subjektiven Strafrechte ist eine wirklich strafrechtliche Aufgabe. Sie wird im besonderen Teile erfüllt. Die Einordnung ihres Gattungsbegriffs, des subjektiven Strafrechts, in höhere Ordnungen käme der allgemeinen Rechtslehre zu. Da sie diesem Verlangen bisher nicht Genüge getan hat, ist es unmöglich, das subjektive Strafrecht nur durch seine spezifische Differenz zu bezeichnen, es mufs vielmehr durch Synthese seiner sämtlichen Merkmale vor unsern Augen hervorgebracht werden, ein Verfahren, für das die oben unter IX aufgestellten Grundsätze massgebend sind.

Ganz Analoges gilt nun für die der Deduktion vorangehende Klassifikation. Die Arten des Verbrechens und die Arten der Strafe zu klassifizieren, ist eine spezifisch strafrechtliche Aufgabe. Das Strafensystem wird im allgemeinen Teil gegeben, das System der Verbrechen erscheint teils im besonderen Teil, teils unter der Rubrik der Erscheinungsformen des Verbrechens im allgemeinen Teile. Aus Zweckmäfsigkeitsrücksichten werden jenem die zahlreichen Verbrechensarten, für die das Verbrechensmerkmal äufsere Handlung, diesem die viel weniger zahlreichen Verbrechensarten zugewiesen, für die andere Verbrechensmerkmale die Einteilungsgründe abgeben.

Doch sind in letzterer Beziehung interessante Unregelmäfsigkeiten zu beobachten. Während nämlich das versuchte und das vollendete Verbrechen (Einteilungsgrund: die verschiedenen möglichen Beziehungen zwischen Vorsatz und Handlung) und Teilnahme und Täterschaft

(Einteilungsgrund nach der objektiven Theorie das Verbrechensmerkmal äussere Handlung, nach der subjektiven Theorie der Vorsatz) ganz richtig ihren Platz unter den Erscheinungsformen des Verbrechens erhalten, erscheinen Tun und Unterlassen, Vorsatz und Fahrlässigkeit, die doch zweifellos auch verschiedene Arten des Verbrechens begründen, unter seinen Merkmalen, als Merkmale, von denen der Verbrechensbegriff das eine oder das andere haben kann, als alternative Merkmale. Alternative Merkmale kann es aber logisch nicht geben, derselbe Begriff kann nicht einmal dieses, einmal jenes Merkmal haben — es sei denn, dafs diese Merkmale nun Arten eines und desselben Merkmals sind, und dies ist hier in der Tat die Meinung: Tun und Unterlassen sind die Arten der Handlung, Vorsatz und Fahrlässigkeit die Arten der Schuld. Weshalb werden aber Begehungs- und Unterlassungs-, vorsätzliches und fahrlässiges Verbrechen nicht gleich dem versuchten und dem vollendeten Verbrechen, der Teilnahme und der Täterschaft den Erscheinungsformen des Verbrechens eingereiht und statt dessen unter die Verbrechensmerkmale die für sie den Einteilungsgrund bildenden Handlung und Schuld eingestellt? Der Grund liegt darin, dafs es bisher noch nicht gelungen ist, eine auch nur annähernd allgemein befriedigende Definition für Handlung und Schuld zu finden, und, wie so häufig, tritt auch hier für den noch nicht präzis feststellbaren Inhalt der Umfang des Begriffs ein.

Umgekehrt mufs man der Einheit und Mehrheit des Verbrechens die Stellung unter seinen Erscheinungsformen bestreiten. Seit den Tagen des ontologischen Gottesbeweises haben wir hinzugelernt, dafs Merkmal eines Begriffs die Existenz seines Inhalts nicht sein kann. Es kann also auch die einfache oder mehrfache reale

Existenz nicht Unterart, Erscheinungsform des Verbrechensbegriffs sein. Die Verbrechensmehrheit ist ein dem Verbrechen nicht sub-, sondern koordinierter Tatbestand.

Während die Klassifikation der Arten des Verbrechens und der Strafe eine spezifisch-strafrechtliche Aufgabe ist, ist die Klassifikation des Verbrechens und der Strafe selbst Sache der allgemeinen Rechtslehre und nur in Ermangelung einer solchen vom Strafrecht übernommen. In der gleichen Reihenfolge, in welcher uns die Merkmale des Verbrechens und der Strafe bei der von der allgemeinen Rechtslehre vorzunehmenden Gewinnung dieser Begriffe durch Determination ihrer Gattungsbegriffe bekannt werden, haben sie bei der sich in Ermanglung einer allgemeinen Rechtslehre vernotwendigenden Synthese des Begriffs aus seinen Merkmalen aneinanderzuschliefsen.

Für diese Reihenfolge ist der Grundsatz mafsgebend, dafs ein Merkmal, das mit Beziehung auf ein anderes gedacht werden mufs, erst nach diesem gedacht werden kann. Nun kann strafbar in der Regel nur eine schuldhafte rechtswidrige Handlung, schuldhaft nach geltendem Recht nur eine rechtswidrige Handlung[1]) und rechtswidrig nach der richtigen Ansicht, dafs es eine objektive Rechtswidrigkeit nicht gibt,[2]) nur eine Handlung sein. Die Handlung bildet also, wie bei der Klassifikation des Verbrechens seinen höchsten Gattungsbegriff, die „oberste Einheit für alle Phänomene des Strafrechts",[3]) so bei seiner Definition des Substantivum, zu dem alle übrigen Verbrechensmerkmale nur Attribute sind, „Prädikate, die

[1]) Vgl. v. Liszt, Str.R. 12/13. A. S. 138.

[2]) Vgl. Hold v. Fernecks mehrfach zitiertes Werk.

[3]) So Liepmann, Einleitung. S. 27.

man der Handlung als dem Subjekte beilegt“;[1]) die Lehre vom Verbrechen, die rekonstruierende Synthese des Verbrechensbegriffs, hat mit dem Handlungsbegriffe anzuheben,[2]) dieser bildet das „feste Knochengerüst, welches die Gliederung der Lehre vom Verbrechen bestimmt“,[3]) und, da die Lehre vom Verbrechen nach unsern vorigen Erwägungen ihrerseits das ganze Strafrechtssystem zu eröffnen hat, den „Ausgangspunkt des ganzen strafrechtlichen Systems“;[4]) das Gesetz selbst autorisiert die wissenschaftliche Definition des Verbrechens und damit die von der Wissenschaft dem Handlungsbegriffe zuerkannte Bedeutung, indem es synonym mit dem Worte Verbrechen das Wort „strafbare Handlung“ gebraucht.

Unter den angegebenen Gesichtspunkten soll der Handlungsbegriff im folgenden betrachtet werden.

Daraus, dafs das Strafrecht nur in Ermanglung einer allgemeinen Rechtslehre ein System der Verbrechensmerkmale gibt und dieses als System von Gattungs- und Artbegriffen unverändert in die allgemeine Rechtslehre übernommen werden kann, folgt, dafs die nachfolgende Untersuchung weniger dem Strafrecht, als der allgemeinen Rechtslehre angehört.

In gleicher Richtung wirkt die dabei befolgte Methode.

Um zu erkennen, was das Gesetz in dem technischen Ausdruck „strafbare Handlung“ unter Handlung verstehe, müssen wir uns in Ermanglung einer Legaldefinition zunächst an den Sprachgebrauch des Lebens halten. Dieser legt nun nicht einen, sondern mehrere

---

[1]) So Berner, Str.R. 1. A. S. 108.

[2]) So v. Liszt, z. VI. S. 688.

[3]) So Berner, a. a. O. S. 108.

[4]) So Heinemann, Bindingsche Schuldlehre. S. 46. Anm. 34.

Handlungsbegriffe vor. Daſs zu einer Handlung Wille, Tat und eine Beziehung zwischen beiden gehört, wird freilich allgemein anerkannt. In verschiedene Bedeutungen spaltet sich das Wort Handlung erst vor der Frage, welcher Art die Beziehung zwischen Wille und Tat sei.[1]) Unsere Frage lautet also: Welche Beziehung zwischen Wille und Tat ist zu der Handlung in dem Sinne erforderlich, in welchem sie das Gesetz in dem Ausdruck „strafbare Handlung" gebraucht?

Zu ihrer Beantwortung können nun andere Wortverbindungen, in denen das Gesetz das Wort Handlung verwendet, nicht herangezogen werden. Denn das Gesetz versteht unter Handlung nicht stets das gleiche. Während z. B. §§ 50, 61, 63 Str.G.B.s unter Handlung das „Verbrechen von seinem juristischen Anfangspunkte bis zu seinem juristischen Endpunkte"[2]) verstehen, schlieſsen §§ 43, 46[2], 51, 67[4] u. a. den Erfolg, §§ 51, 52, 55—58 die Zurechnungsfähigkeit des Handelnden, §§ 51, 52 jegliches Willensmoment, §§ 53, 54 die Rechtswidrigkeit vom Begriffe der Handlung aus, reden §§ 68, 72 u. a. von Handlungen, die nicht einmal einen besondern Verbrechenstatbestand erfüllen, und stellt § 122 der Handlung die Unterlassung, §§ 240, 253 der Handlung die Duldung und Unterlassung und § 257 sogar der „Handlung selbst" die Begünstigung gegenüber. Es bedarf keines weiteren Beweises dafür, daſs „das Strafgesetzbuch den Begriff der Handlung nicht als durchgebildeten Kunstausdruck kenne".[3])

---

[1]) Vgl. Max Berner, Ne bis in idem. 1891. S. 55.

[2]) So Binding, Hdb. I. S. 565.

[3]) So v. Lilienthal, Ort der Handlung, Marburger Festgabe für Wetzell. 1890 S. 255. Anm. 1. Vgl. Köhler, Idealkonkurrenz und Gesetzeskonkurrenz. 1900. S. 12—21.

Wir sind also zur Ermittlung des Sinns, in welchem das Wort Handlung in dem Terminus „strafbare Handlung“ steht, nur auf diese Stellen selbst und auf den Sprachgebrauch des Lebens angewiesen. Nach dem Sprachgebrauch des Lebens ist Handlung, so sahen wir irgend eine Beziehung zwischen Wille und Tat. Nach den Stellen, in denen von „strafbaren Handlungen“ die Rede ist, ist Handlung etwas, was die Eigenschaft der Strafbarkeit zu tragen vermag und, da strafbar nur etwas Schuldhaftes, schuldhaft nur etwas Rechtswidriges zu sein vermag, etwas, was die Eigenschaften Rechtswidrigkeit, Schuldhaftigkeit, Strafbarkeit annehmen kann. Unsere Frage nach dem Handlungsbegriff lautet also genauer: Welche Beziehung zwischen Wille und Tat ist vereinbar mit den Eigenschaften Rechtswidrigkeit, Schuldhaftigkeit und Strafbarkeit?

Daraus ergibt sich, daſs der Handlungsbegriff durch die Begriffe Rechtswidrigkeit, Schuldhaftigkeit und Strafbarkeit schon notwendig bestimmt ist, so daſs, wer Rechtswidrigkeit, Schuldhaftigkeit und Strafbarkeit richtig feststellt, gar nicht umhin kann, den richtigen Handlungsbegriff anzuwenden. Folglich können verschiedene Ansichten über die Strafbarkeit oder Straflosigkeit eines bestimmten Tatbestandes immer nur auf Uneinigkeit über jene, nicht aber über den Handlungsbegriff beruhen, und es kann also die Feststellung des Handlungsbegriffs einen Einfluſs auf die Subsumtion von Einzelfällen unter das Strafgesetz immer nur insofern haben, als sie notwendig eine Entscheidung für bestimmte Begriffe der Rechtswidrigkeit, Schuldhaftigkeit und Strafbarkeit voraussetzt, nicht insofern sie auf diesem Grunde ihren Handlungsbegriff bildet. Eine Untersuchung, die alle strafrechtlichen Entscheidungen unberührt läſst, kann aber nicht für das Strafrecht, sondern nur für die allgemeine Rechtslehre von Interesse sein.

Aber auch für sie bedeutet diese Arbeit nur eine Vorarbeit. Um zu dem Handlungsbegriffe der allgemeinen Rechtslehre zu gelangen, wäre nicht lediglich zu untersuchen, welcher Handlungsbegriff sich mit den Eigenschaften rechtswidrig, schuldhaft, strafbar, sondern welcher sich mit allen jenen Eigenschaften verträgt, mit dem ihn die Rechtswissenschaft überhaupt verbindet. Unsere Untersuchung tut nur das erstere. Ihr Erfolg kann also nur sein, festzustellen, welchen Anforderungen der Handlungsbegriff der allgemeinen Rechtslehre genügen muſs, um als strafrechtlicher Handlungsbegriff dienen zu können. Er gibt damit eine Grenze des Handlungsbegriffs an, den weitere Untersuchungen nicht einengen, wohl aber erweitern können.

Noch in zwei weiteren Beziehungen erlegt sich diese Arbeit Beschränkung auf.

Ich habe als zur Handlung nach dem allgemeinen Sprachgebrauch jedenfalls erforderlich bezeichnet Wille Tat und eine Beziehung zwischen beiden. Damit ist vorweggenommen und also weiterer Erörterung entzogen eine Lösung des „Problems", was unter Tat zu verstehen sei.[1]) Ich bezeichne als Tat im folgenden eine Körperbewegung in kausaler Verbindung mit dem Erfolg.

Damit scheint einer weiteren Frage vorgegriffen zu sein: die, ob der Erfolg in den Handlungsbegriff einzubeziehen sei. Ich gedenke jedoch diese Frage beiseite zu lassen, da sie nicht sowohl für den Aufbau der

---

[1]) Vgl. darüber insbesondere Krug, Neues Archiv. 1854. S. 380 bis 402. v. Wächter, Sächs.-Thür. Str.R. S. 315—319. Binding, Normen II. S. 36/37. Anm.

Lehre vom Verbrechen, als für die Lösung von Einzelfragen (Ort und Zeit der Handlung, Verbrechens-Einheit und -Mehrheit) von Belang ist. Der obige Satz muſs also, um ihn gegen diese Frage neutral zu machen, genauer so gefaſst werden: Zur Handlung erforderlich sind Wille, Tat, diese letztere entweder ganz oder nur zum Teil, und Beziehung zwischen Wille und Tat.[1])

II.

Die älteren Systeme lassen sich sämtlich unschwer auf zwei Typen zurückführen. Bei dem einen hat Grolman, bei dem andern Feuerbach Pate gestanden.[2])

Die einen behandeln mit Grolman das Verbrechen zunächst nach seiner objektiven Beschaffenheit, seinem objektiven Tatbestande, seiner Tatseite (Rechtswidrigkeit, Vollendung und Versuch, zuweilen auch Täterschaft und Teilnahme), dann nach seiner subjektiven Beschaffenheit, seinem subjektiven Tatbestande, seiner Willensseite (Vorsatz und Fahr-

---

[1]) Man könnte einwenden, beide Fragen seien nicht zu trennen, eine Beziehung des Willens zur Tat einschlieſslich des Erfolges könne zum Handlungsbegriffe nur dann gehören, wenn auch die Tat in ihrem ganzen Umfange zum Handlungsbegriff gerechnet werde, da „es unmöglich sei, daſs ein Begriff auſser einem Element a ein zweites Element b, das in einer Beziehung von a zu c besteht, enthält, wenn nicht c zugleich Begriffsmerkmal sein soll.“ So Höpfner, Einheit und Mehrheit der Verbrechen I. 1901. S. 113. Er hätte sich an Begriffe wie Vater, Sohn, der Dritte des B.G.B., Zubehör, Bestandteil, kurz an die sog. Relationsbegriffe erinnern sollen.

[2]) Die Titel der im folgenden nur durch den Verfassernamen bezeichneten Werke sind z. B. in Bindings Grundriſs des allg. Teils § 16 III zu finden.

lässigkeit, Zurechnungsfähigkeit). So im wesentlichen Roſshirt, Martin, Henke, Jarcke, Luden.[1])

Die andern teilen mit Feuerbach die Merkmale des Verbrechens ein in notwendige oder wesentliche (äuſsere Erkennbarkeit, Rechtswidrigkeit) und (wie ich formulieren möchte) alternativ notwendige oder auſserwesentliche (Täterschaft und Teilnahme, Vollendung und Versuch, Vorsatz und Fahrlässigkeit). So Wächter[2]), Bauer, Heffter, Häberlin, Geib.

Die Handlung fehlt zwar bei keinem dieser Schriftsteller in der Definition des Verbrechens, sie spielt aber andererseits bei keinem in der Lehre vom Verbrechen irgend welche Rolle. Gehen sie nämlich an die Analyse des Verbrechensbegriffes, so fragen sie nicht: Welches sind die Merkmale des Verbrechens? sondern: Welche Merkmale machen eine Handlung zum Verbrechen? d. h.: Welches sind die Merkmale des Verbrechens auſser der Handlung? [3]) Die Handlung schlieſsen sie mithin von der Erörterung aus, nicht als ob sie ihnen für den Begriff des Verbrechens unwesentlich schiene — das Gegenteil bekunden sie durch ihre Aufnahme in die Verbrechensdefinition — sondern weil sie sie als gar zu

---

[1]) In seinem Handbuche (I 1842), nicht aber in seinen Abhandlungen (II 1840). Vgl. unten S. 109 f.

[2]) In seinem Lehrbuche des röm.-teutsch. Str.R.s (I 1825). Über seinen späteren Standpunkt in Sachen des Handlungsbegriffs vgl. unten S. 87.

[3]) Sie legen nämlich der Lehre vom Verbrechen meist den Tatbestand des Verbrechens zugrunde. Dieser aber wird auffallend häufig definiert als der Inbegriff der Merkmale, die eine Handlung an sich tragen muſs, um unter den Begriff des Verbrechens subsumiert werden zu können. Vgl. z. B. Tittmann, Hdb. I. S. 68. Jarcke, Hdb. I. S. 105. Luden, Hdb. I. S. 225. Geib, Lehrb. II. S. 195. Temme, Gem. Str.R. S. 61.

abstrakt [1]) oder gar zu selbstverständlich, keiner weiteren Erörterung für fähig oder würdig erachten. „Die Analyse des Verbrechens", sagt v. Liszt,[2]) „richtet naturgemäfs zunächst ihr Augenmerk darauf, denselben durch die Entwicklung derjenigen Merkmale zu bestimmen, welche das Verbrechen von den übrigen rechtlich erheblichen Handlungen unterscheiden ... Sie fragt: wie beschaffen sind jene Handlungen, welche Strafe nach sich ziehen. Nicht dafs das Verbrechen Handlung ist, interessiert sie an erster Stelle, sondern dafs es eine bestimmt geartete Handlung ist, bildet den Ausgangspunkt der Betrachtung."

Wie fand nun der Handlungsbegriff trotzdem in das Strafrechtssystem Eingang?

Es ist auch in der Dogmengeschichte des Handlungsbegriffes nicht ohne Hegels „List der Weltgeschichte" abgegangen. Da der Begriff der Handlung völlig aufserhalb der Diskussion blieb, wurde man sich nicht völlig klar darüber, wie er sich mit den übrigen Merkmalen des Verbrechens in dessen einzelne Bestimmtheiten einteile; so schlich sich im Gewande anderer Verbrechensmerkmale eine Bestimmung der Handlung nach der andern in das System ein, und als sie schliefslich alle beisammen sind, ist für den Handlungsbegriff, den man immer noch aufserhalb der Tore des Systems wähnt, die Zeit gekommen, die Verkleidung ab- und sich zum Herrn der ganzen Festung aufzuwerfen.

In den Systemen Grolmans und seiner Nachfolger sind bereits zwei Merkmale der Handlung gegeben: die Tat auf der objektiven, der Wille (als Bestandteil von

---

[1]) So ausdrücklich Rofshirt, Entwicklung der Grundsätze des Str.R.s 1828. S. 503.

[2]) Z. VI 686, 687.

Vorsatz und Fahrlässigkeit, sein Ausschlufs durch absolute Gewalt aber häufig als Grund nicht der Unzurechenbarkeit, sondern der Zurechnungsunfähigkeit) auf der subjektiven Seite. Dagegen findet das dritte Merkmal der Handlung, die Vermittlung des Willens zur Tat, in diesen Systemen noch keinen Platz. Unvermittelt stehen die objektive und die subjektive Seite des Verbrechens neben einander, und wüssten wir nicht aus der Definition des Verbrechens, dafs sie sich im Begriffe der Handlung zu einem Ganzen zusammenschliefsen, aus dem Systeme würden wir es nicht erfahren.

Dennoch wäre es weit gefehlt, dem Handlungsbegriff für das Grolmansche System jegliche Bedeutung abzusprechen. Es ist vielmehr ganz und gar am Handlungsbegriffe orientiert. Seine beiden Elemente, Wille und Tat, geben ja den Einteilungsgrund der ganzen Lehre vom Verbrechen ab, alle übrigen Merkmale des Verbrechens erscheinen als Bestimmtheiten des einen oder des andern Handlungsmerkmals. Wenn auch nicht der Handlungsbegriff selbst, so bilden doch seine beiden Merkmale die obersten Begriffe des Strafrechtssystems. Und das ist kein Zufall: Die Merkmale des Verbrechens aufser der Handlung haben mit einander nichts gemein, als dafs sie Prädikate des gleichen Subjekts, der Handlung, sind. Sollten sie nicht völlig willkürlich aneinandergereiht werden, so mufste also der Einteilungsgrund hergenommen werden von ihrer Beziehung zur Handlung und deren Bestandteilen. Bleibt dennoch unser Satz richtig, dafs der Handlungsbegriff in dem Systeme Grolmans eine Rolle nicht spielt, so mufs deshalb der andere hinzugefügt werden, dafs er eine um so gröfsere Wirksamkeit hinter den Kulissen dieses Systems — gleichsam als dessen Regisseur — entfaltet.

In dem Lehrgebäude Feuerbachs haben dagegen schon sämtliche Merkmale der Handlung einschliefslich der Vermittlung des Willens zur Tat ihre Stelle gefunden. Freilich nicht da, wo man sie vermuten sollte: unter den notwendigen Bedingungen des Verbrechens. Hier kommt (unter dem Gesichtspunkt der äufseren Erkennbarkeit des Verbrechens) lediglich die Tat zur Sprache. Den Willen behandelt Feuerbach dagegen, statt ihn zur Bildung eines den notwendigen Bedingungen des Verbrechens einzureihenden, Vorsatz und Fahrlässigkeit umfassenden höheren Begriffes zu benutzen, bei jeder der beiden Schuldformen besonders, also unter den alternativ notwendigen Bedingungen. Die Vermittlung zwischen Wille und Tat mufs sich deshalb in einem dritten recht entlegenen Winkel des Systems vollziehen: in der Lehre vom Strafgesetz, die Feuerbach den Lehren vom Verbrechen und von der Strafe folgen läfst. Als „Anwendung des Gesetzes" erscheint hier die Zurechnung, diese aber ist „die Beziehung einer strafbaren Handlung als Wirkung auf eine dem Strafgesetze widersprechende Willensbestimmung als Ursache". Von seinen Anhängern gehen jedoch nur Bauer und Geib diesen Weg mit ihm.

Das am Handlungsbegriff orientierte System Grolmans trug — aus hier nicht interessierenden Gründen [1]) mit Recht — den Sieg davon über dasjenige Feuerbachs, jedoch nicht ohne von dem besiegten zur Vermittlung der bisher unvermittelt neben einander stehenden Willens- und Tatseite des Verbrechens die Rubrik der Zurechnung zu übernehmen. In der richtigen Erkenntnis, dafs die Lehre vom Verbrechen ihren Abschlufs nicht

[1]) Weil es nämlich alternativ notwendige Verbrechensmerkmale logisch nicht geben kann. Vgl. oben S. 70.

erst in der Lehre vom Gesetze finden dürfe, sondern in sich selbst geschlossen sein müsse, nahm man jedoch die Zurechnung aus der Lehre vom Gesetz hinüber in die Lehre vom Verbrechen. Andererseits muſs aber auch jetzt die Zurechnung ihre selbständige Stellung neben dem subjektiven und dem objektiven Tatbestande behaupten; sie kann zwischen Willens- und Tatseite nicht vermitteln, wenn sie der objektiven oder (wie bei einzelnen Vertretern des Grolmanschen Systems, so Roſshirt, Henke, Jarcke) der subjektiven oder ihr die objektive oder (wie von Klenze) die subjektive Seite untergeordnet wird, sie muſs vielmehr beiden gleichgeordnet werden. So gelangt man zu Bindings Gliederung der Lehre vom Verbrechen in die Schuldseite, die Tatseite und die Zurechnung.[1])

Schon vorher waren die Systeme Grolmanscher Richtung am Handlungsbegriffe orientiert. Mit dem Begriffe der Zurechnung haben sie sich jetzt auch inhaltlich sämtliche Merkmale des Handlungsbegriffes einverleibt. Nur der Handlungsbegriff selbst ist in ihnen auch jetzt noch nicht zu seinem Rechte gekommen. Es muſste sich jedoch bald das Bedürfnis äuſsern, den Begriff der Zurechnung durch einen anderen zu ersetzen. Nicht grundlos wurde von Feuerbach die Zurechnung unter dem Gesichtspunkte der Anwendung des Gesetzes er-

---

[1]) Vgl. Binding, Grdr. I. 2. A. 1879. S. VI. Grdr. Allg. Teil. 6. A. 1902. S. VIII/IX. — Binding durchbricht die dieser dogmengeschichtlichen Darstellung im übrigen zugrunde liegende chronologische Reihenfolge. Die intime Fühlung mit seinen Vorgängern triumphiert bei ihm über den zeitlichen Abstand von ihnen. So kommt es, daſs er sich der Dogmengeschichte des Handlungsbegriffs je nach verschiedenen Seiten seines Handlungsbegriffs an drei verschiedenen Stellen eingliedert. Vgl. unten S. 88 ff. und S. 110 ff..

örtert. Sie ist eine prozessuale Tatsache, eine richterliche Handlung, näher bestimmt: ein richterliches Urteil; der Zusammenschlufs der Willens- mit der Tatseite des Verbrechens erfolgt aber nicht erst im Prozefs, Merkmal des verbrecherischen Tatbestandes kann nicht ein richterliches Urteil über sein Vorliegen sein. Wohl aber — und das übersah Feuerbach — gehört der durch das richterliche Urteil konstatierte Sachverhalt zum Tatbestande in die Lehre vom Verbrechen. Dieser Sachverhalt aber ist — die Handlung.

Dafs die Zurechnung das Urteil ist, dafs ein vorhandener Wille sich mit einer vorhandenen Tat zur Einheit der Handlung zusammenschliefse, erhellt aus unsern bisherigen Erwägungen zur Genüge. Nicht unbedenklich wurden wir jedoch diesen Satz umkehren, dahin, dafs Handlung der Sachverhalt sei, dessen Vorliegen durch das Zurechnungsurteil konstatiert werde, dafs sich also das Zurechnungsurteil erschöpfe in der Feststellung des Vorliegens einer Handlung. Wir unterscheiden in dem Zurechnungsurteil deutlich zwei Bestandteile: es bejaht einerseits, dafs ein Ereignis die Wirkung eines Wollens sei, andererseits, dafs es dem (wirklichen oder möglichen) Inhalte dieses Wollens entspreche.[1]) Wir würden es deshalb wenigstens für diskutabel erachten, ob zum Be-

[1]) Unrichtig ist es deshalb, wenn Binding (Grdr. §§ 58, 59) unter dem Titel Zurechnung lediglich den Kausalzusammenhang zwischen Wille und Tat behandelt. Sagt er doch selbst (Normen II S. 43): „Verneinung des ursächlichen Zusammenhanges zwischen Wille und Erfolg schliefst zugleich die Zurechnung aus, Bejahung der Kausalitätsfrage ist aber durchaus noch nicht gleichbedeutend mit Zurechnung. Denn deren Aufgabe ist es nicht, die Ursächlichkeit des Willens für die Tat, sondern aufserdem festzustellen, dafs diese Ursächlichkeit selbst mit gewollt war, dafs, was geschah, nicht nur hervorgerufen wurde durch Willensbetätigung, sondern

griffe der Handlung wirklich diese beiden Beziehungen des Willens zur Tat und nicht vielleicht nur die eine oder die andere gehöre. Dafs diese Frage auf dieser Stufe der Dogmengeschichte des Handlungsbegriffes noch nicht auftauchte, dafs man vielmehr ohne weiteres alle Beziehungen zwischen Wille und Tat, welche durch das Zurechnungsurteil konstatiert werden, dem Begriffe der Handlung beilegte, erklärt sich daraus, dafs man jene Beziehungen noch nicht zu unterscheiden wufste, ihre Mehrheit nicht erkannte, in ihnen vielmehr nur eine Beziehung sah. Wir sahen bereits, dafs Feuerbach die Zurechnung definierte als „die Beziehung einer strafbaren Handlung als Wirkung auf eine dem Strafgesetze widersprechende Willensbestimmung als Ursache", und so, wie er, definierten sie die meisten. Dem Wortlaut dieser Definition nach findet nur die eine der nach unserer Ansicht durch die Zurechnung bejahten Beziehungen, die Kausalität des Willens für die Tat, in ihr Berücksichtigung. Tatsächlich ist auch die andere in ihr enthalten: Im Gegensatze zu der heutigen Anschauung bezog man in den Begriff der Kausalität des Willens für die Tat als Merkmal ein, dafs die Wirkung des Willens seinem Vorstellungsinhalte entspreche.[1]) Im Banne des Indeterminismus hielt

---

nichts anders ist als verwirklichter Wille." Binding behandelt zunächst Tat und Schuldseite ohne Beziehung aufeinander. Dafs aber der Inhalt der Schuld sich mit der Tat decke, kann man erst erfahren, wenn man beide Seiten zueinander in Beziehung setzt, und dies geschieht erst in dem dritten von der Zurechnung handelnden Abschnitt. Neben dem Kausal- hätte hier also der Schuldzusammenhang zu stehen.

[1]) Dies hat Hertz, Unrecht S. 148 bemerkt. Ein besonders krasses Beispiel: Pols het Begrip van strafbare Handeling, Tijdschr. voor Strafrecht III. 1889. S. 109/110.

man nämlich die Freiheit für ein Begriffsmerkmal des Willens, glaubte aber zur Freiheit des Willens fordern zu müssen, dafs er nicht durch irrige Vorstellungen mifsgeleitet werde, dafs vielmehr auch die sich ihm zur Wahl anbietenden Vorstellungen der Wirklichkeit entsprächen; freier Wille, d. h. Wille überhaupt, und „freie Kausalität"[1]) des Willens, d. h. Kausalität des Willens überhaupt, liegen deshalb nicht dann schon vor, wenn der Handelnde für die Tat nur objektiv kausal wurde, sondern nur, wenn er sich dessen auch bewufst war.[2]) Hätte man aber bei dieser Anschauung nicht die Kausalität des Willens und damit Zurechnung und Handlung im Falle der Fahrlässigkeit leugnen müssen? Hier kam jenem ersten Irrtum der Willensinhalt und Willenskausalität miteinander verquickt ein zweiter zur Hilfe. Aus dem Satze, dafs auch die Fahrlässigkeit Willensschuld sei, folgerte man, dafs auch der fahrlässig herbeigeführte Erfolg in irgend einem Sinne gewollt sein, dem Inhalte des Willens entsprechen müsse, dafs also auch in diesem Falle Willenskausalität im Sinne dieser Zeit und damit Zurechnung und Handlung gegeben sei — eine Argumentation, die sich ersichtlich nur eine Doppelgängigkeit des — mit Sigwart

[1]) So Michelet, Philos. Moral. S. 23. Köstlin, System I S. 156 und Neue Revision S. 147. Binding, Normen II. S. 42.

[2]) Ein Anlauf zur Unterscheidung von Willenskausalität und Willensinhalt ist diejenige zwischen imputatio facti und imputatio juris. Die imp. facti bedeutet jedoch die kausale Zurückführung des Erfolges lediglich auf die Körperbewegung, nicht auf den Willen. Letztere fällt neben der Feststellung des Schuldzusammenhanges der imp. juris zu. Während also Willenskausalität und Willensinhalt unterschieden, soweit es sich um Tatsachen der Aufsenwelt handelt, da hier eine Diskrepanz zwischen beiden sich häufiger bemerkbar macht, liegen sie in bezug auf die Körperbewegung in der imp. juris noch ungetrennt beieinander.

zu sprechen — proteusartigen Wortes Wille zunutze macht, das im Begriffe der Willensschuld im Sinne, nicht einer einzelnen Wollung, sondern des bleibenden Substrates der einzelnen Wollungen, des Charakters, steht.[1])

So gelangte man durch die Sätze, dafs Handlung Kausalität des Willens für die Tat bedeute; dafs aber zur Kausalität des Willens für die Tat gehöre, dafs diese seinem Inhalte entspreche; und dafs Kausalität in diesem Sinne stets und nur in den Fällen der Zurechnung gegeben sei; zu dem Satze, dafs Handlung und Zurechnung sich decken.

Durch das Tor der Zurechnung hat die Handlung ihren Einzug in das Strafrechtssystem gehalten!

III.

Das Verdienst, den bisher namen- und gestaltlos im Systeme umhergeistenden Handlungsbegriff zur Materialisation gezwungen zu haben, gebührt den strafrechtlichen Anhängern Hegels, in erster Linie Abegg, dann Berner und Köstlin.[2]) Sie folgten damit Anregen

---

[1]) Dafür, dafs diese Verwechslung noch tief in die neuere Literatur hineinreicht, statt vieler nur drei Beispiele. Wie die älteren Schriftsteller aus dem Begriffe der Willensschuld folgern, dafs auch bei der Fahrlässigkeit der Erfolg gewollt sein müsse, so folgert umgekehrt Löffler, Schuldformen S. 1, 5 daraus, dafs bei der Fahrlässigkeit der Erfolg nicht gewollt sei, die Unrichtigkeit des Satzes, alle Schuld sei Willensschuld. Vgl. ferner Binding, Normen II. S. 105. Anm. Bünger, Z. VI. S. 362. Richtig M. E. Mayer, Schuldhafte Handlung. S. 34, 35.

[2]) Vgl. Abegg, System 1826, Neues Archiv XIV (1833) S 566 Anm. 1, Lehrbuch 1836. Berner, Imputationslehre 1843, Teilnahme 1847, Lehrbuch 1857. Köstlin, Neue Revision 1845, System 1855.

Hegels, Michelets und J. U. Wirths[1]) und zwar mit dem vollen Bewuſstsein von dem Werte ihrer Neuerung.[2]) Die Handlung ist denn auch dem Strafrechtssysteme nicht wieder abhanden gekommen.

Nicht der gleiche bleibende Wert kommt dagegen der Ausgestaltung zu, welche die Hegelianer — wie wir sahen: in völlig natürlicher Fortbildung der älteren Systeme — dem Handlungsbegriffe zuteil werden lieſsen. Ihr Grundgedanke ist mit ihren eigenen Worten: Zurechnung ist das Urteil, daſs die Tat eine Handlung sei; demnach ist die Zurechnung nicht etwas äuſserlich neben die Handlung Hinzukommendes, sondern in ihr selbst enthalten; Zurechnung und Handlung decken sich; soweit demnach der Begriff der Handlung reicht, soweit reicht auch der Begriff der Zurechnung, und wo der Begriff der Handlung aufhört, da hört auch der Begriff der Zurechnung auf.[3])

Der so begrenzte Handlungsbegriff, den schon Köstlin[4]) „durch die weltgeschichtliche Entwicklung des Strafrechts hinlänglich gesichert und in das gemeine Bewuſstsein übergegangen“ meinte, konnte noch i. J. 1880

---

[1]) Vgl. Hegel, Rechtsphilosophie. 1821. §§ 115—118. Michelet, de doli et culpae in jure criminali notionibus. Diss. Berol. 1824 und System der philosophischen Moral. 1828. J. U. Wirth, System der spekulativen Ethik I. 1841. S. 124—129.

[2]) Vgl. Abegg, System. S. XXXVI. Berner, Imp.-L. S. VIII, Teilnahme S. 1, Lehrb. S. 108. Michelet, Philos. Moral. S. 16/17.

[3]) Die beiden ersten Sätze bei Abegg, Lb. S. 124; das von Luden Abh. II S. 77 gegen sie erhobene Bedenken trifft lediglich die Fassung. Der dritte Satz bei Köstlin, System, S. 156, § 57; der vierte bei Berner, Lb. S. 138/139. Bei Hegel, Michelet, Wirth ist der gleiche Gedanke noch nicht scharf formuliert.

[4]) Neue Revision. S. 149.

als der herrschende angesprochen werden.[1]) Angenommen haben ihn insbesondere Temme, v. Wächter, Wahlberg, Hälschner, Hugo Meyer, Binding, Geyer.[2])

Nach dem Inhalte, der dem Begriffe der Zurechnung gegeben wird, spalten sich diese Schriftsteller in zwei Lager. Die einen sehen in der Zurechnung ein Urteil über das Verhältnis des Willens zum Erfolge und zu dessen Rechtswidrigkeit; die andern beziehen das Verschulden allein auf den Erfolg.

---

[1]) Vgl Hertz, Unrecht. S. 144.

[2]) Als Anhänger dieses Handlungsbegriffes sind mir aufser Abegg, Berner, Köstlin bekannt geworden: Baumeister, Bemerkungen zur Strafgesetzgebung. 1847. S. 4. Morstadt, Kommentar zu Feuerbachs Lehrbuch I. 1852. § 84. Anm. 3. Temme, Preufs. Str.R. 1853. S. 150/153. Schweizer. Str.R. 1855. S. 91/92. Gem. Str.R. 1876. S. 64. v. Wächter, Sächs.-Thür. Str.R. 1857. S. 286, 315, 319. Deutsch. Str.R. 1881. S. 129/130. Wahlberg, Zurechnungslehre in Haimerls Magazin für R.s u. Staats.W. XV. 1857. S. 281/294 (in dem Neuabdruck Kl. Schr. I 1875 S. 1—67 fehlen die fragl. Abschnitte). Hälschner, Preufs. Str.R. 1858. S. 121; in seinem Gem. dt. Str.R. 1881 hat er zwar Zitelmanns Willensbegriff angenommen, aber den Handlungsbegriff der Hegelianer, wie die Bemerkungen S. 199 Anm. 1 und S. 275/276 zeigen, dennoch festgehalten. Friedreich, Barth und Demme, Grundbegriffe des Kriminalrs. 1861. s. v. Handlung und Zurechnung. v. Meyendorff, Einflufs des jugendl. Alters auf die strafr. Zurechnung. Züricher Diss. 1862. S. 5—9. Schaper in Holtzendorffs Hdb. II. 1871. S. 110. Anm. 4. H. Meyer, Lehrb. 2. A. S. 131/132. Anm. 4; in der ersten (1875) und in den späteren Auflagen fehlt nur dies ausdrückliche Bekenntnis. Binding, Normen II. 1877. S. 41. Geyer, in Holtzendorffs Enzyklopädie. 4. A. 1882. S. 885. Grundr. 1884. S. 99. K.V.S. XIX. S. 419 ff. Lasson, Rechtsphilosophie. 1882. S. 142. Heinemann, Bindingsche Schuldlehre 1889 S. 41, 46 („die allein richtige Auffassung, dafs die Zurechnungslehre lediglich die Frage zu beantworten habe, ob eine wirkliche Handlung vorliege") und Idealkonkurrenz. 1893. S. 60. Klee, Vorsatz. 1897. (Bennecke Heft 10) S. 1/2. Wohl auch Birkmeyer in seiner Enzyklopädie. 1901. S. 1041, 1054.

I. Den ersten Standpunkt vertreten insbesondere Abegg, Temme und Binding.

Die Handlung soll sich mit der Zurechnung zur Schuld decken. Das Verschulden wird mithin zum Begriffsmerkmal der Handlung. Läſst sich nun aber das Verschulden nicht ohne die Rechtswidrigkeit konstruieren, so geht mit dem Verschulden auch sie in den Handlungsbegriff ein. „Handlung" ist dann nur die schuldhafte rechtswidrige Handlung, sie ist mithin ein Synonymum des Verbrechens, verliert ihren Platz unter den Verbrechensmerkmalen und muſs deshalb aus der Lehre vom Verbrechen, der Analyse des Verbrechensbegriffes, kaum eingetreten, wieder ausscheiden. Soll sie dagegen dem Systeme erhalten bleiben, so darf die Rechtswidrigkeit nicht zum Begriffsmerkmal der Handlung werden, es darf also auch das Verschulden in sie einbezogen werden nur, soweit es sich auf den Erfolg, nicht auch soweit es sich auf dessen Rechtswidrigkeit bezieht, und es muſs damit der Satz, daſs Handlung und Zurechnung sich decken, aufgegeben werden. Die Handlung deckt sich dann nur mit der Zurechnung zur Tat, nicht auch mit der Zurechnung zur Schuld nach Temmes Terminologie.[1])

1. Die erste Konsequenz zieht Binding.

Er betont es wiederholt und nachdrücklich, daſs der Begriff der Handlung den der Zurechnung schon in sich einschlieſse, daſs für ihn deshalb der rechtswidrige Inhalt wesentlich sei, und er demnach nichts anderes bedeute als das Verbrechen.[2]) Er muſs infolgedessen darauf ver-

---

[1]) Preuſs. Str.R. S. 152/153.

[2]) Normen II, S. 41/42, besonders Anm. 62. Hier stimmt Binding der Ansicht der Hegelianer zu, daſs Handlung und Zurechnung sich decken, will nur die Zurechnung nicht nur auf den Erfolg, sondern auch auf die Rechts-

zichten, die Handlung, die ja für ihn ein Synonymum, kein Merkmal des Verbrechens ist, in das System der Lehre vom Verbrechen einzuführen, und sieht sich so zurückgeworfen auf den Standpunkt der älteren Systeme, bei denen der prozessuale Begriff der Zurechnung den materiellen der Handlung ersetzen mufste.[1])

Neben diesen Beweis für den Satz, dafs lediglich das Verbrechen Handlung sei, stellt aber Binding noch einen anderen, der in den Normen mit dem ersten konkurriert und ihn im Handbuche[2]) völlig verdrängt: für den Juristen ist Handlung nur die rechtlich relevante Handlung; im Strafrecht gibt es nur eine rechtlich relevante Handlung: das Verbrechen, also ist für den Kriminalisten das Verbrechen die Handlung schlechthin, und „was aufserhalb des Rechts Handlung ist oder heifst, ist für dessen Bereich völlig gleichgültig".

Man sieht, dafs beide Gedankengänge, die sich für Beweise eines und desselben Satzes ausgeben, in der Tat Verschiedenes beweisen. Der erste würde dahin führen, zu behaupten, dafs das Verbrechen überhaupt die einzige Handlung sei, der zweite zielt nur darauf ab,

---

widrigkeit bezogen wissen. Da aber die Hegelianer einen Handlungsbegriff nicht nur im juristischen, sondern im allgemeinsten Sinne aufstellen wollen, sagt er durch diese Vergleichung, dafs er mit seinem Handlungsbegriff ebenfalls einen solchen im allgemeinen Sinne geben wolle, dafs es also aufser der juristisch relevanten Handlung „Handlungen" überhaupt nicht gebe. Im übrigen vertritt er auch in den Normen den gleich zu erwähnenden zweiten Gedankengang, und ich würde jene eine Bemerkung nicht derart pressen, wenn ich nicht die Überzeugung gewonnen hätte, dass sein Handlungsbegriff ursprünglich auf dem angegebenen Wege aus demjenigen der Hegelianer erwachsen ist und dafs dieser Ursprung ihn etwas verständlicher macht.

[1]) Vgl. oben S. 81.

[2]) I. 1885. S. 565—567.

dafs das Verbrechen die einzige Handlung sei, die für den Kriminalisten in Betracht kommt; die erste weist nach, dafs das Verbrechen die Handlung im allgemeinen Sinne, die zweite, dafs es die Handlung im juristischen Sinne sei. Was aber beide Gedankengänge hinsichtlich der Handlung im allgemeinen Sinne ausführen, steht sogar in schroffstem Widerspruche: der erste sucht nachzuweisen, dafs es aufserhalb des Rechts gar keine Handlungen geben könne, der zweite setzt voraus, dafs es auch aufserhalb des Rechts Handlungen gebe, und sucht nur darzutun, dafs sie für dessen Bereich völlig gleichgültig seien. Binding gibt also in seinem zweiten Gedankengange das Resultat des ersten, dafs die Handlung im allgemeinen Sinne mit dem Verbrechen zusammenfalle, preis, behauptet nur noch, dafs Handlung im juristischen Sinne nur das Verbrechen sei und erklärt den Begriff der Handlung im allgemeinen Sinne für belanglos.

Dafs sie das nicht ist, hat v. Liszt [1]) gegen Binding schlagend nachgewiesen. Um einen Begriff vollständig zu bestimmen, bedarf es aufser der differentia specifica auch des genus proximum; das Wesen einer bestimmten Handlung, und so auch der juristischen Handlung, kann ich nicht begreifen, ohne zuvor die Handlung überhaupt, die Handlung im allgemeinen Sinne zu kennen. Es steht deshalb zu vermuten, dafs auch Binding den allgemeinen Handlungsbegriff unter irgend einem Decknamen entwickle, und wir glauben ihn in der Tat gefunden zu haben, wenn wir [2]) lesen: „Alles, was zugerechnet werden

---

[1]) Rechtsgut und Handlungsbegriff im Bindingschen Hdb. Z. VI. S. 686—689. Vgl. auch Heinemann, Idealkonkurrenz, S. 55—60 und dazu Köhler, Idealkonkurrenz und Gesetzeskonkurrenz, S. 16/17 Anm. 1; ferner M. E. Mayer, Schuldhafte Handlung. S. 16/17.

[2]) Normen II. S. 104/105. Anm. 26.

soll, mufs gewollt sein, allein nicht alles Gewollte läfst sich auf einen Willen von bestimmter Art (auf rechtswidrigen oder schuldhaften Willen) zurückführen. Ich untersuche hier nur, wie weit gewollt wird, nicht wie weit das Gewollte zur Schuld oder zum rechtmäfsigen Willen zurechenbar ist ... Was im folgenden gesagt wird, gilt also gleichmäfsig für den Willen des Gesunden und des Geisteskranken, des Erwachsenen und des Kindes, für den Willen etwas Erlaubtes vorzunehmen, wie für den, der eine Rechtswidrigkeit zum Inhalte hat." Binding befafst sich hier mithin selbst mit dem von ihm perhorreszierten „unjuristischen und unbrauchbaren Handlungsbegriffe", der „die Handlung einem Vorgange gleichstellt, der ebensogut Teil von ihr, als Teil eines kasuellen Verlaufs, als Teil einer Mehrheit von Handlungen sein kann".[1]) Freilich hält er an seiner juristischen Unbrauchbarkeit fest: wir wissen bereits, dafs er ihn nicht in sein System eingeführt hat, sondern auf dem Standpunkte der älteren Systematiker verharrt. Statt nämlich seine Verwendung lediglich davon abhängig zu machen, ob er seiner systematischen Funktion als oberster Begriff des Systems zu genügen vermöge, fordert er noch ganz im Banne der Anschauungen der Hegelianer, dafs sich aus ihm die Schuldformen ableiten lassen [2]) und versagt, da dies bei seinem allgemeinen Handlungsbegriffe hinsichtlich der Schuldformen in ihrer Beziehung auf die Rechtswidrigkeit nicht der Fall ist, ihm überhaupt die Aufnahme ins System. Uns dagegen liegt es ob,

[1]) Hdb. I. S. 566.

[2]) Vgl. Normen II. S. 169: „Eine Ansicht, welche prinzipiell davon ausgeht, dafs der Inhalt der Handlung auf deren Begriff und die Frage der Zurechnung einflufslos sei, steht gradezu vor der Unmöglichkeit zu dem Gegensatze eines rechtmäfsigen und eines schuldhaften Willens zu gelangen."

ihn auf seine systematische Tauglichkeit objektiv, ohne Rücksicht darauf, dafs Binding sie nicht ausgenutzt hat, zu prüfen. Jedoch nicht an dieser Stelle: Nachdem Binding einmal zugestanden hatte, dafs es auch Handlungen ohne rechtswidrigen Inhalt gebe, gab es kein Halten mehr. Da bei ihm ohne Rechtswidrigkeit auch von einem Verschulden die Rede nicht sein kann, mufs mit jener auch dieses aus dem Handlungsbegriffe ausscheiden, und so gelangt Binding zu einem allgemeinen Handlungsbegriffe, der weiter ist nicht nur als das Verbrechen, sondern auch als die Zurechnung. Damit ist aber der Satz, dafs Handlung und Zurechnung sich decken, überwunden und der Übergang zur dritten Phase in der Dogmengeschichte des Handlungsbegriffes vollzogen. Dort werden wir deshalb Binding zum dritten Male begegnen.

2. Der andere Weg war — wir erinnern uns — der, das Verschulden nur, soweit es sich auf den Erfolg, nicht auch soweit es sich auf die Rechtswidrigkeit bezieht, in den Handlungsbegriff einzubeziehen und so mit dem Satze zu brechen, dafs Handlung und Zurechnung sich decken.

Ihn gehen Abegg[1]) und Temme.

Sie gewähren jedoch ihrem Handlungsbegriffe, der sich lediglich mit der Zurechnung des Erfolges, nicht auch mit der Zurechnung der Rechtswidrigkeit deckt, keinen Platz in ihrem Systeme, ersichtlich weil sie sich scheuen, das Verschulden in zwei Stücke zu zerreifsen und, soweit es den Erfolg betrifft, bei der Handlung, so-

---

[1]) Er dehnt also nicht, wie Binding, Normen II S. 41 Anm. 62 sagt, „nur beiläufig" den Begriff der Zurechnung auch auf die guten Handlungen aus.

weit es sich auf seine Rechtswidrigkeit bezieht, bei den spezifischen Eigenschaften der strafbaren Handlung abzuhandeln. Vielmehr redet Abegg nie von der Handlung schlechthin, sondern immer nur von der verbrecherischen Handlung, die er in fünf gleichgeordneten Abschnitten: Subjekt, Wille, Tat, Rechtswidrigkeit, Strafbarkeit, analysiert. Aus seinem Systeme selbst könnten wir also nicht entnehmen, welche dieser Merkmale der Handlung, welche ihrer verbrecherischen Artung zufallen. Innerhalb der einzelnen Abschnitte betont er dann freilich um so nachdrücklicher, daſs einerseits die drei ersten Abschnitte als die Handlung überhaupt, andererseits die letzten beiden als die verbrecherische Handlung im besondern betreffend einander gegenüberzustellen wären, — wenn nicht ein Stück der verbrecherischen Artung in die ersten drei Abschnitte versprengt wäre, insofern nämlich die Rechtswidrigkeit und die Strafbarkeit sich in der Zurechnung, den Äusserungen des Willens bekunde.[1]) Durch die mehrfache Bemerkung, daſs die drei ersten Abschnitte sich zur Handlung zusammenschlössen, scheint sich Abegg der Pflicht überhoben zu wähnen, im systematischen Aufbau selbst den Zusammenschluſs von Wille und Tat zum Ausdrucke zu bringen: sie stehen bei ihm ebenso unvermittelt nebeneinander, wie in den älteren Systemen Grolmanscher Richtung. Und die einzige Abweichung gegenüber diesen Systemen, daſs nämlich bei ihm die Tatseite Rechtswidrigkeit und Strafbarkeit als selbständige Abschnitte aus sich entlassen hat, ist kein Fortschritt. Die Abschnitte Subjekt, Wille, Tat einerseits, Rechtswidrigkeit und Strafbarkeit andererseits lassen sich verstehen

---

[1]) Vgl. System. S. 37/38, 51. Lehrbuch. S. 104/105, 125, 158.

nicht als einander gleichgeordnete, sondern lediglich als zwei höhere Gattungsbegriffen, untergeordnete, von denen der zweite in Beziehung auf den ersten gedacht wird. Veranlaſst ist dieser Fehler aber dadurch, daſs Abegg die Einteilung in Handlung und verbrecherische Artung, die er zum Aufbau seines Systems nicht verwenden konnte, bei diesem Aufbau dennoch nicht zu vergessen vermochte.

Binding und Abegg zeigen mithin, daſs, wenn man das Verschulden auf die Rechtswidrigkeit bezieht, man entweder mit dem Satze, daſs Handlung und Zurechnung sich decken, brechen oder auf die Verwendung des Handlungsbegriffs im System verzichten müsse.

Abegg zieht zunächst die Konsequenz, daſs Handlung und Zurechnung sich nicht decken können, und ist damit auf dem Wege über den vorliegenden Standpunkt hinaus, will dann aber den Handlungsbegriff lieber gar nicht als derart entstellt verwenden und wird so auf den Standpunkt der älteren Systeme zurückgedrängt. Binding zieht zunächst die Konsequenz, daſs die Handlung für das System unverwendbar ist und stellt sich damit auf den Standpunkt der älteren Systeme, schafft dann aber einen Handlungsbegriff, der sich mit dem Zurechnungsbegriffe nicht deckt, und weist so hinaus über den vorliegenden Standpunkt auf einen späteren hin. Beide beweisen, daſs es für Vertreter ihres auf die Rechtswidrigkeit bezogenen Schuldbegriffs auf dem hier fraglichen Standpunkte kein Verweilen gibt.

II. Abegg gebührt also nur das Verdienst, die Anrege zur Verwendung des Handlungsbegriffs gegeben zu haben. Durchführen konnte er selbst die Scheidung von Handlung und verbrecherischer Artung deshalb nicht, weil die Zurechnung bei ihm mit einem Fuſse im Gebiete der Handlung, mit dem andern im Gebiete ihrer verbrecherischen Artung steht. Durchführen konnten sie, ohne das Verschulden in zwei Stücke zu zerreifsen, erst diejenigen Hegelianer, die das Verschulden lediglich auf den Erfolg und nicht auch auf die Rechtswidrigkeit beziehen: Berner, Köstlin, Hälschner. Berner war der erste, der der Handlung im Strafrechtssysteme die Stellung einräumte, die sie seither nicht wieder verloren hat.

Mit der „Diremption des Verbrechens in Handlung und Strafbarkeit“[1]) bahnt sich nämlich eine völlige Umgestaltung des Systems an. Während es bisher aufgebaut war auf mehrere einander ausschliefsende Begriffe, beginnt es sich nunmehr aus Begriffen zusammenzusetzen, von denen einer alle andern und unter diesen wieder jeder die folgenden einschliefst. Während bisher der Wille und die Tat, je mit der ganzen Fülle der Merkmale, welche ihnen bei der verbrecherischen Handlung zukommen, zunächst ohne Beziehung aufeinander dargestellt und dann erst im Begriffe der Zurechnung zueinander in Beziehung gesetzt werden, wird jetzt zunächst die Handlung, dann die Rechtswidrigkeit sofort in ihrer Beziehung zur, als Eigenschaft der Handlung oder, wenn man so will, die Handlung als rechtswidrige gedacht. Denn obwohl Köstlin und Hälschner, wie innerhalb der Handlung Willens- und Tatseite einander, so die Handlung selbst wiederum der Rechtswidrigkeit, als die Form dem Inhalte des Verbrechens entgegensetzen, steht doch das Unrecht zur Handlung nicht, wie sie im Banne der dialektischen Methode kon-

---

[1]) Berner, Imputationslehre. S. VIII. Vgl. Pols, Tijdschr. voor Str.R. III.

struieren, im Verhältnis der Antithese, sondern im Verhältnis der Subsumtion: die Rechtswidrigkeit läſst sich nur als Eigenschaft einer Handlung denken. Und so tritt die Handlung als oberster, weitester, die Rechtswidrigkeit und Strafbarkeit umfassender Begriff die Herrschaft über das ganze System an. „Alles, was man sonst noch vom Verbrechen aussagt," sagt Berner,[1]) „sind nur Prädikate, die man der Handlung als dem Subjekte beilegt. Der Begriff der Handlung muſs daher das feste Knochengerüst sein, welches die Gliederung der Lehre vom Verbrechen bestimmt."[2])

Welche Verbrechensmerkmale sind nach dem Ausscheiden der Rechtswidrigkeit im Handlungsbegriffe zurückgeblieben? Handlung und Zurechnung sollen sich decken. Mithin bildet das Verschulden ein Begriffsmerkmal der Handlung. Eine Handlung ist entweder vorsätzlich oder fahrlässig: tertium non datur. Von einer schuldhaften Handlung zu reden ist ein Pleonasmus; von einer schuldlosen Handlung zu reden, ist eine contradictio in adjecto.[3]) Das Verbrechen ist nicht als rechtswidrige, schuldhafte, strafbare Handlung, sondern nur als rechtswidrige und strafbare Handlung zu definieren.

---

[1]) Lehrb. 1. A. S. 108.

[2]) Berner selbst legt die spezifischen Eigenschaften der verbrecherischen Handlung nicht der Handlung als Ganzem bei, verteilt sie vielmehr auf deren einzelnen Bestandteile und betrachtet die Zurechnungsfähigkeit als spezifische Eigenschaft des Subjekts, das Recht als das spezifische Objekt der verbrecherischen Handlung. — Hugo Meyer koordinierte in seinen ersten beiden Auflagen die Rechtswidrigkeit der Willens- und der Tatseite (die nur in einem einleitenden Paragraphen zur Handlung zusammengeschlossen werden). Seit der dritten Auflage subordiniert er dagegen die Rechtswidrigkeit der Tatseite. Entschieden ein Rückschritt!

[3]) So Friedreich, Barth und Demme, Grundbegriffe des Kriminalrechts. 1861. s. v. Handlung.

Über die Stellung der Zurechnungsfähigkeit zum Handlungsbegriffe herrscht Unklarheit. Wird sie, wie es meist geschieht, fälschlich als eine Voraussetzung aufgefaſst, ohne die von Vorsatz und Fahrlässigkeit nicht die Rede sein kann, so geht sie mit diesen Merkmalen in den Handlungsbegriff ein, wird zur Handlungsfähigkeit (in diesem Sinne), und es gibt dann „Handlungen" Zurechnungsunfähiger ebensowenig wie schuldlose „Handlungen". Wird sie dagegen (mit recht) als Voraussetzung nicht des Vorsatzes und der Fahrlässigkeit, sondern nur ihrer rechtlichen Relevanz, d. h. als Voraussetzung der Strafbarkeit aufgefaſst, so scheidet sie aus dem Handlungsbegriffe aus, und es tritt neben die Zurechnung zur Handlung noch eine Zurechnung der Handlung. Die Handlung deckt sich dann also nicht mit der Zurechnung in ihrem ganzen Umfange.[1])

---

[1]) Gegen die Auffassung der Zurechnungsfähigkeit als Schuldfähigkeit, doli et culpae capacitas, die ihre Wurzel hat in ihrer Auffassung als Willensfreiheit und mithin Willensfähigkeit (vgl. Liepmann, Einleitung S. 90 f.), spricht, daſs die Zurechnungsfähigkeit bei dieser Auffassung, wie Hertz, Unrecht 1880 S. 139 ff. zugibt, ein für das Strafrecht völlig überflüssiger Begriff würde: wozu die facultas, die Möglichkeit eines Verschuldens feststellen, da man doch noch das factum, die Wirklichkeit des Verschuldens feststellen muſs? Ferner müſsten nach dieser Auffassung Kinder u. a. bisher als zurechnungsunfähig angesehene Personen, da bei ihnen doch zweifellos die psychologische Möglichkeit vorsätzlichen und fahrlässigen Handelns vorliegt, als zurechnungsfähig und nur strafunfähig angesehen werden. Während Hertz dieser Folgerung zu entgehen sucht, indem er hier eine praesumtio juris et de jure der Zurechnungsunfähigkeit annimmt, Köstlin (System I S. 133/134) und in seinen Spuren v. Meyendorff (Jugendl. Alter, Züricher Diss. 1862 S. 11—12), indem sie diese Fälle der eigentlichen Zurechnungsunfähigkeit als nur kriminalistische Zurechnungsunfähigkeit gegenüberstellen, hat Berner (Imp.-L. S. 99/100 und Teilnahme S. 58—61) konsequent Kinder u. a. für zurechnungsfähig und nur nicht strafreif erklärt, diese Unterscheidung aber später (Preuſs.

Bisher haben wir nur den Umfang des Handlungsbegriffes der Hegelianer betrachtet. Welcher Inhalt, also welche Definition, entspricht diesem Umfange?

Zum Begriffe der Handlung gehört ein Wille, eine Tat und eine Beziehung zwischen beiden. Wille und Tat sind feststehende Begriffe, nur die Beziehung zwischen beiden duldet und fordert noch eine nähere Bestimmung. Sie wird von den Vertretern dieser Lehre dahin abgegeben, dafs das Geschehene auf den Willen zurückführbar, Wirkung des Willens sei, mit ihm im Kausalzusammenhange stehen müsse.

Die so bestimmte Handlung soll sich nun mit der Zurechnung decken. Nach unserem Sprachgebrauche kann aber eine Wirkung des Willens auch zufällig, also unzurechenbar sein. Die Vertreter dieses Standpunkts können also unsern Sprachgebrauch nicht geteilt, müssen vielmehr unter dem Begriffe des Kausalzusammenhanges, das, was wir so nennen, mit dem Schuldzusammenhange zusammengefafst haben. Und das ist in der Tat der Fall: Sie lehnen die Unterscheidung des Schuldzusammenhangs vom Kausalzusammenhange ausdrücklich ab. Eine

---

Str.R. 1861 S. 60) als unnatürlich wieder aufgegeben. — Der richtigen Ansicht, dafs Vorsatz und Fahrlässigkeit auch bei Zurechnungsunfähigen vorliegen können, dafs also die Zurechnungsfähigkeit Voraussetzung der Zurechnung nicht zum dolus und zur culpa, sondern des dolus und der culpa, nicht Schuld-, sondern Straffähigkeit sei, huldigten mehr oder weniger stillschweigend schon Feuerbach und die, welche, wie Bauer, Geib, Morstadt (in seinem Kritischen Kommentar zu Feuerbach), nach seinem Vorgange die Zurechnungsfähigkeit ein ganzes Stück später als Vorsatz und Fahrlässigkeit bei der Anwendung des Gesetzes auf die schuldhafte Handlung besprechen, aus- und nachdrücklich aber Luden (Abh. II. 1840. S. 72—85, S. 536—545. Hdb. I. 1847. S. 233—235) und nach ihm insbesondere Bruck (Zurechnungsfähigkeit. 1878. S. 33/34.).

solche hatte sich mit der Trennung der imputatio juris von der imputatio facti bereits angebahnt.[1]) Diese wird nun von ihnen teils ganz verworfen,[2]) teils in der Weise umgedeutet, daſs die imputatio facti den Kausal- und den Schuldzusammenhang, soweit sich der letztere auf den Erfolg bezieht, in ungetrennter Einheit umfaſst und der imputatio juris nur die Bestimmung des Verhältnisses des Willens zum Gesetze vorbehalten bleibt.[3])

Wir sind damit an einem Punkte angelangt, mit dem es verständlich wird, wenn auch zwei Schriftsteller, die sich nicht ausdrücklich zu dem Satze von dem Zusammenfallen von Handlung und Zurechnung bekennen, als seine letzten Vertreter in Anspruch genommen werden. Wie man nämlich aus den beiden Sätzen, daſs Handlung Wille und Tat in kausalem Zusammenhange

---

[1]) Vgl. oben S. 84 Anm. 2.

[2]) Vgl. Abegg, Lehrb. S. 124. Berner. 1. A. S. 138. N. 2. Köstlin, Neue Revision. S. 138. System. S. 157. Hülschner, Preuſs. Str.R. 121. Anm. 1.

[3]) So Temme, Preuſs. Str.R. S. 152, 153. Mir sind folgende Arten, imp. facti und juris von einander zu unterscheiden, bekannt geworden: 1. imp. facti bestimmt den Kausalzusammenhang zwischen Körperbewegung und Erfolg, imp. juris den Schuldzusammenhang zwischen Wille und Erfolg, den Kausalzusammenhang zwischen Wille und Körperbewegung, die Zurechnungsfähigkeit; 2. imp. facti bestimmt Kausalzusammenhang zwischen Willen und Erfolg, Schuld, soweit sie sich auf den Erfolg bezieht, Zurechnungsfähigkeit, imp. juris Schuld, soweit sie sich auf die Rechtswidrigkeit bezieht (Temme), 3. imp. facti bestimmt Kausal- und Schuldzusammenhang von Wille und Tat sowie Zurechnungsfähigkeit, imp. juris das objektive Verhältnis zum Gesetz. In diesem Sinne unterscheidet Meyer, Lehrb. 1. A. S. 241. 2. A. S. 243. 3. A. S 281. Anm 1. Zurechnung zur Tat und zur Schuld und die Hegelianer formelle und materielle Zurechnung; 4. imp. facti bestimmt Kausal- und Schuldzusammenhang, imp. juris die Zurechnungsfähigkeit. So Luden, Abh. II. S. 91—94. Morstadt, Kommentar zu Feuerbach I. § 84. Anm. 3.

bedeutet, und daſs Handlung und Zurechnung sich decken, schlieſsen kann, daſs der Kausalzusammenhang im Sinne der Vertreter jener Sätze den Schuldzusammenhang einschlieſse, so darf man nun auch umgekehrt daraus, daſs die Handlung für die kausale Verbindung von Wille und Tat, der Kausalzusammenhang aber für identisch mit dem Schuldzusammenhange erklärt wird, folgern, daſs Handlung und Zurechnung sich decken müssen. Diese Prämissen sind aber bekanntlich erfüllt bei Ad. Merkel und Liepmann.

Da zu dem hier fraglichen Handlungsbegriffe nun nicht nur Kausalzusammenhang nach unserem Verstande, sondern auch Schuldzusammenhang gefordert wird, entspricht die bisher gegebene Definition der Handlung als der kausalen Verbindung von Wille und Tat nach unserem Sprachgebrauche ihrem wahren Inhalte nicht. Wir müssen uns nach einer Begriffsbestimmung umsehen, welche die Einheit von Schuld- und Kausalzusammenhang in anderer Weise zum Ausdruck bringt. Sie aber wird verschieden ausfallen je nach dem Grunde, aus welchem man Schuld und Kausalzusammenhang für untrennbar erklärt, ob naiv, weil man sie noch nicht unterscheiden gelernt hat; oder reflektiert, obgleich man sie unterscheidet. So treten die Ansichten der Hegelianer und ihrer Nachfolger einerseits, Merkels und Liepmanns Ansichten andererseits scharf auseinander.

Der Weg, auf dem die Hegelianer dazu gelangten, Schuld- und Kausalzusammenhang für identisch zu erklären, wurde bereits[1]) angedeutet. Aus dem Satze, daſs alle Schuld, auch die Fahrlässigkeit, Willens-

[1]) Vgl. oben S. 182—85.

schuld sei, folgerte man, dafs alle schuldhaft herbeigeführten Erfolge in irgend einem Sinne gewollt sein müfsten. Weiter vermochte man nicht zu begreifen, dafs etwas Wirkung des Willens sein könne, ohne gewollt zu sein. Wenn nun zum Kausalzusammenhange gehört, dafs das Geschehene gewollt sei, der Umstand allein aber, dafs das Geschehene gewollt ist, den Schuldzusammenhang begründet, müssen Kausal- und Schuldzusammenhang zusammenfallen. So bedeutet der Satz, die Tat müsse auf den Willen zurückführbar sein nach unserm Sprachgebrauche: das Geschehene müsse gewollt sein.

Es erheben sich nun Zweifel gegen die beiden Prämissen: Ist wirklich in allen Fällen der Zurechnung das Geschehene gewollt? Und ist wirklich nur das durch den Willen verursacht, was gewollt war?

Nur im Falle des Vorsatzes scheint der zurechenbare Erfolg auch gewollt zu sein, und in der Tat scheint der Vater des strafrechtlichen Handlungsbegriffes, Hegel, nur die vorsätzliche Handlung als „Handlung" anerkannt zu haben. Bei ihm scheint sich aber auch der Begriff der Zurechnung auf die Zurechnung zum Vorsatze beschränkt zu haben,[1]), so dafs eine Kollision mit der Fahrlässigkeit ausgeschlossen war.

Die späteren juristischen Vertreter dieses Hand-

---

[1]) Falls nicht etwa die dunklen Ausführungen des übrigens an der dialektischen Begriffsbewegung in keiner Weise teilnehmenden § 116 seiner Rechtsphilosophie die Fahrlässigkeit im Auge haben. Es tritt hier sonst die gleiche Vernachlässigung der kriminellen Fahrlässigkeit zutage, die seiner Einteilung in das (strafbare), „Verbrechen" und das (nur zum Ersatze verpflichtende), „unbefangene Unrecht" vorgeworfen wird. (Vgl. z. B. Liepmann, Einleitung. S. 4.)

lungsbegriffes (von Michelet[1]) abwärts) beschränken die Zurechnung aber nicht auf den Fall des Vorsatzes. Bei ihnen revoltiert deshalb der Umfang des Handlungsbegriffes, der die Fahrlässigkeit mitumfassen soll, offen gegen seinen Inhalt, dem nach eigenem Eingeständnisse mehrerer unter ihnen der Vorsatz wesentlich ist. Vermittlungsversuche müssen sich in der Richtung bewegen, den Unterschied der Fahrlässigkeit vom Vorsatze möglichst zu verwischen, sie dem Vorsatze möglichst anzuähneln.

Hierher gehören alle jene Bemühungen, den fahrlässig verursachten Erfolg als „nicht nichtgewollt" (billige Ausnutzung der Doppelgängigkeit dieser Worte, einesteils gleich non noluit, anderenteils gleich non non voluit!), als „indirekt gewollt" (was hat man sich unter indirektem Wollen vorzustellen?) zu erweisen, und alle jene Hinweise darauf, dafs auch bei der Fahrlässigkeit eine Bedingung zum Erfolge gewollt sei (freilich, das ist aber auch bei Zufall in den Folgen der Fall!) und dafs auch die fahrlässige Handlung eine vorsätzliche Handlung sei (freilich, der Vorsatz ist aber nicht auf den allein relevanten Erfolg gerichtet!). Sie verdienen keine ausführliche Widerlegung.

Den Hegelianern eigentümlich ist folgender Vergleichsversuch[2]): Auch bei der Fahrlässigkeit ist eine Bedingung zum Erfolge gewollt; das ist nun freilich auch beim Zufall in den Folgen der Fall; die bei der Fahrlässigkeit gewollte Bedingung begründet aber bereits die Möglichkeit des Erfolges, und die Möglichkeit

---

[1]) Ursprünglich Jurist; cf. S. 70 seiner oben zitierten Dissertation.

[2]) Vgl. Michelet, Dissertation. S. 25. Köstlin, Neue Revision. S. 228. System. S. 165.

ist für Hegel und seine Schule nicht ein Urteil, sondern eine Tatsache, nicht in unsern Gedanken über die Dinge, sondern in den Dingen selbst gelegen.[1]) Wer eine Bedingung will, die diese „reale" Möglichkeit des Erfolges enthält, will also die Möglichkeit des Erfolges, will, wenn auch in abgeschwächterm Maſse, den Erfolg selbst. — Wir andern, die wir in der Möglichkeit nur einen von uns an die Tatsachen herangebrachten Gedanken erblicken (den der fahrlässig Handelnde nicht gehegt zu haben braucht) können diesen Gedankengang nicht mehr mitmachen, er interessiert aber wegen seiner Verwandtschaft mit der gleich zu besprechenden Lehre von der adäquaten Verursachung.

Übrigens wiederholen sich ähnliche Schwierigkeiten, wie sie hinsichtlich der Fahrlässigkeit entstehen beim Versuche. Hier ist zwar das Geschehene gewollt, also unzweifelhaft eine Handlung gegeben, die Zurechnung aber beschränkt sich nicht darauf zu bejahen, daſs das Geschehene gewollt sei, sondern spricht auſserdem aus, daſs das Gewollte nur zum Teil geschehen ist, daſs nicht alles Gewollte geschehen ist. Das Zurechnungsurteil und das Urteil, daſs eine Handlung vorliege, decken sich also lediglich beim vollendeten vorsätzlichen Verbrechen. Nur hier ist das Geschehene gewollt, das Gewollte geschehen. Bei der Fahrlässigkeit ist dagegen mehr, beim Versuch weniger geschehen als gewollt.[2])

---

[1]) Vgl. Frank, Z. X. S. 184. Löffler, Schuldformen. S. 223. Anm. 67.

[2]) Das sog. Schaukelsystem hat zwar nicht Berner, aber auch nicht, wie Binding annimmt (Normen II. S. 164), v. Lindelof zum Urheber. Dieser beruft sich vielmehr ausdrücklich auf Abegg, Untersuchungen. 1830. S. 406/407. (Vgl. [v. Lindelof] Vortrag über den Entw. eines Str.G.B.s für das Groſsherzogtum Hessen. [1837.] S. 61.)

Es ist denn auch bereits innerhalb dieser Periode der Dogmengeschichte des Handlungsbegriffes die Erkenntnis gereift, der Begriff der Willensschuld könne den Sinn nicht haben, daſs jeder schuldhaft herbeigeführte Erfolg auch gewollt sei. Aber es werden aus dieser Erkenntnis entgegengesetzte Konsequenzen gezogen. Entweder hält man fest an der Begriffsbestimmung der Handlung als des gewollten Geschehenen, gibt um diesen Preis den Satz, daſs Handlung und Zurechnung sich decken, auf und gesteht zu, daſs die Handlung enger sei als die Zurechnung. So Krug und Geſsler[1]). Damit hört aber die Handlung auf, oberster, weitester Begriff des Systems zu sein.

Oder man wählt mit Berner die andere Alternative: zu verzichten auf die Definition der Handlung als des gewollten Geschehenen und festzuhalten an dem Satze, daſs Handlung und Zurechnung sich decken.

Nachdem Berner bis auf S. 246 seiner Imputationslehre die Handlung als das gewollte Geschehene behandelt hat, führt er dort anläſslich der Fahrlässigkeit aus: „Wir haben im ersten Kapitel die Zurechnung zwar als das Urteil definiert, daſs eine Handlung vorliege, aber wir faſsten diesen Begriff noch beschränkt als das geschehene Gewollte. Jetzt zeigt sich, daſs dieser Begriff in erweiterter Weise zu fassen ist, indem die Handlung

---

[1]) Krug, Abhandlungen. 1855. S. 208. und Ideen zur Strafgesetzgebung, 1857. S. 44, bezeichnet die Zurechnung zum Vorsatz als den Ausspruch, daſs die verbrecherische Erscheinung in einer menschlichen Handlung ihren Grund habe und bemerkt dazu am ersteren Orte, Anm. 1, daſs bei der culpa die Zurechnung zum Vorsatz und Feststellung des Kausalzusammenhangs „ineinanderlaufen". Geſsler, Dolus. 1860. S. 96. Anm. 1, gesteht zu, daſs die Fahrlässigkeit „aus dem Begriff der Handlung allein nicht abzuleiten sei".

noch nicht aufgelöst erscheint, wenn das Geschehene auch nicht geradehin gewollt wurde. Solche erweiterte Definition waren wir aber nicht eher zu geben berechtigt, als bis die Entwicklung der Begriffe selbst die Erweiterung hervorgebracht hatte. Zurechnung, also das Urteil, dafs eine Handlung vorliege, erklären wir jetzt abstrakter als den Ausspruch: ‚das Subjektive ist objektiviert, das Objektive subjektiviert'."

Berner anerkennt also zunächst, dafs das Schuldurteil nicht besage, das Geschehene sei gewollt, sondern es sei ein „objektiviertes Subjektives", d. h. mit Merkel[1]) zu reden, es habe in der Bestätigung der Individualität des Täters seine adäquate Ursache, er charakterisiere deshalb seinen Willen (in diesem Sinne).

Mit dem so bestimmten Zurechnungsbegriff soll sich der Handlungsbegriff decken. Auch er bezeichnet nicht das gewollte Geschehene. Da er nichtsdestoweniger den Kausalzusammenhang zwischen Wille und Tat in sich begreifen soll, ist mit jenem Zugeständnis der Irrtum überwunden, wirkliche Wirkung des Willens könne nichts sein, was nicht auch gewollt war.

Auch der Handlungsbegriff bezeichnet das objektivierte Subjektive. Er mufs also ausser dem Kausalzusammenhang auch den Schuldzusammenhang enthalten. Während nun früher eine, wenn auch auf einem doppelten Irrtume beruhende Begründung dafür gegeben wurde, dafs mit dem Kausalzusammenhang auch der Schuldzusammenhang in den Handlungsbegriff eingehen müsse, sieht man sich jetzt nach Überwindung der beiden falschen Prämissen vergeblich nach irgend einer anderen Begründung um. Berner gibt selbst zu, dafs sehr wohl

[1]) Lehrb. S. 71, 23.

Kausalzusammenhang gegeben sein könne, ohne dafs zugleich Schuldzusammenhang vorläge.[1]) Dennoch will er beide nur unterschieden, nicht auch geschieden wissen. Für ihre untrennbare Zusammengehörigkeit, welche die früheren Schriftsteller unter dem Worte Kausalzusammenhang begriffen, hat er die technische Bezeichnung „Vermittelung von Wille und Tat" eingeführt.[2]) Er beläfst uns aber im Unklaren darüber, ob diese Vermittelung von Wille und Tat lediglich die Addition von Schuld- und Kausalzusammenhang bedeuten, oder, wie ihre gelegentliche Definition als vom Schuldmoment durchdrungener Kausalzusammenhang[3]) vermuten läfst, ihnen noch ein weiteres Moment, eine bestimmte Beziehung zwischen beiden, hinzufügen soll; oder weshalb sonst beide miteinander untrennbar verbunden sein sollten.

Diesen Beweis haben Merkel und Liepmann angetreten.

Liepmann (und wohl auch Merkel) fafst die Handlung auf als eine Kausalbeziehung zwischen Wille und Tat. Zum Kausalverhältnisse genügt es aber Merkel und Liepmann für das Recht nicht, dafs eine Tatsache Bedingung einer andern sei, sie verlangen aufserdem, dafs sie einen bestimmten Grad der Möglichkeit ihres Eintretens enthalte, ihre adäquate Bedingung sei, so dafs Liepmann[4]) die Handlung in beider Sinne definiert, als „bewufste Setzung von Bedingungen, die in berechenbarem Zusammenhang zu einem kriminellen Erfolge stehen", und sie verlangen dies in der ausgesprochenen Absicht, durch den Begriff der adäquaten Verursachung die

[1]) Vgl. Grundsätze des preufs. Str.R.s. 1861. § 89.

[2]) Preufs. Str.R. § 90.

[3]) Lehrb. 18. A. S. 117.

[4]) Einleitung. S. 84.

schuldhafte Verursachung zu umschreiben.[1]) Sie begründen aber die untrennbare Verquickung des Kausal- mit dem Schuldzusammenhange wie folgt.

Merkel[2]) erklärt: „Wie der Staat dazu kommt, seine Strafen der verbrecherischen Wirksamkeit anzupassen, wenn diese an der Schuld der Handelnden keinen Teil hat, ist ebensowenig verständlich zu machen, wie es begreiflich wäre, dafs der Staat sich um die Verschuldung der Verbrechen bekümmert,“ und Liepmann[3]) sagt in ganz gleichem Sinne: „Sobald wir eine Ursächlichkeit aus dem Begriffe der Schuld streichen, bleibt nichts übrig, als ein rein gedanklicher Vorgang. Wie aber dieser eine völlig hiervon zu trennende Wirksamkeit rechtlich relevant machen soll, bleibt schlechterdings ein Rätsel.“

Darauf ist zu entgegnen: Die begriffliche Scheidung von Schuld- und Kausalzusammenhang bedeutet keineswegs eine Aufhebung ihres tatsächlichen Zusammenhanges in dem Sinne, dafs sie nur übrig liefse einerseits eine Wirksamkeit, die an der Schuld des Handelnden keinen Anteil hatte, andererseits einen rein gedanklichen Vorgang, aus dem die Ursächlichkeit für jene Wirksamkeit gestrichen wäre. Wenn unser System derart aufgebaut wäre, dafs bei der Erörterung des Kausalzusammenhanges ausgeführt würde, der kriminelle Erfolg müsse sich auf einen Vorgang in der Seele des Verursachers zurückführen lassen, dafs dann bei der Erörterung des Schuldzusammenhanges ausgeführt würde, ein Vorgang in der Seele des Täters müsse sich dem Begriffe des Vorsatzes oder der Fahrlässigkeit subsumieren lassen, und nirgends

[1]) Vgl. Merkel, Lehrb. 1889. S. 71/72 u. Z. I. S. 591—596. Liepmann, Einleitg. i. d. Str.R. 1900. S. 59/61.

[2]) Lehrb. S. 72, ähnlich Ges.Abh. II. 1899. S. 553.

[3]) S. 60.

zur Sprache käme, daſs der zweiterwähnte Seelenvorgang mit dem ersterwähnten identisch sein müsse: dann hätten freilich Merkel und Liepmann recht. Aber die Systeme, die den Schuld- vom Kausalzusammenhange trennen, können auch anders verfahren: Sie können zunächst das Verbrechen als Handlung erörtern und ausführen, daſs der rechtswidrige Erfolg auf einen psychischen Vorgang zurückführbar sein müsse, sodann das Verbrechen als schuldhafte Handlung betrachten und ausführen, daſs jener psychische Vorgang sich dem Schuldbegriffe subsumieren lassen müsse. Dadurch, daſs die Schuld als Eigenschaft der Handlung behandelt wird, kommt es zum Ausdruck, daſs der beide Male auftretende psychische Vorgang einer und derselbe ist, der nur nach verschiedenen Seiten, das eine Mal seiner Ursächlichkeit nach, das andere Mal als rein gedanklicher Vorgang betrachtet wird. Wie er in der Wirklichkeit das Bindeglied zwischen Kausal- und Schuldzusammenhang bildet, so bleibt er es auch im System trotz aller begrifflichen Trennung von Schuld- und Kausalzusammenhang.[1])

[1]) Letzten Endes liegt der Ansicht Merkels und Liepmanns ein gleiches Bestreben zugrunde, wie dem Handlungsbegriffe Bindings. Wie dieser als Handlung nur die juristisch relevante Handlung anerkennen will, so wollen sie als Kausalzusammenhang nur den juristisch relevanten Kausalzusammenhang bezeichnen. Nur ein konsequenter letzter Schritt in dieser Richtung ist es, wenn v. Bar auſser dem Verschulden zum Begriffe des Kausalzusammenhanges auch noch die Rechtswidrigkeit fordert. Verlangt man zum Handlungsbegriffe Wille, Tat und Kausalzusammenhang zwischen beiden in v. Bars Sinne, so gelangt man genau zu dem Handlungsbegriffe Bindings. Gegen die Identifikation von Kausalzusammenhang überhaupt und juristischem Kausalzusammenhang, erhebt sich aber der gleiche Einwand wie gegen die Identifikation von Handlung überhaupt und juristischer Handlung: Man kann einen Begriff bestimmen nicht allein durch seine differentia specifica, sondern nur durch seine differentia specifica und sein genus proximum.

Der Beweis, dafs mit dem Kausalzusammenhange auch der Schuldzusammenhang in den Handlungsbegriff eingehen müsse, ist mithin nicht gelungen. Da aber Kausalzusammenhang vorliegen kann, ohne dafs Schuldzusammenhang vorläge, deckt sich die Handlung, wenn sie allein den Kausalzusammenhang zwischen Wille und Tat umfafst, nicht mit der Zurechnung, ist vielmehr weiter als sie.

Schon unter der Herrschaft des Handlungsbegriffes der Hegelianer hat es Dissidenten gegeben, die dieser letzten Ansicht huldigten: Luden und Bekker[1]).

Luden war bekanntlich ein Vorläufer der nachmals durch v. Buri zur herrschenden erhobenen Ansicht, dafs der Schuldzusammenhang vom Kausalzusammenhange streng zu scheiden sei. So fordert er auch zum Handlungsbegriffe lediglich Wille,[2]) Tat und Kausalität zwischen beiden. Mit grofser Energie hat er auch bereits die systematischen Konsequenzen des Ausschlusses der Schuld aus dem Handlungsbegriffe gezogen. Wir sahen bereits das Unrecht aus der Handlung ausscheiden und sich ihr, da die Rechtswidrigkeit nur als Eigenschaft einer Handlung denkbar ist, als der engere Begriff unterordnen.

---

[1]) Vgl. Luden, Abhandlungen II. 1840. S. 215. Bekker, Theorie I. 1859. S. 251—258, K.V.S. III. S. 192—195. Pandekten II. 1889. S. 11—13. Auch Marezoll, Kriminalrecht. 3. A. 1856. S. 95/96. gehört hierher.

[2]) Köstlin, N.R. S. 149—151. macht Luden zum Vorwurfe, er verstehe unter Handlung das rein äufserliche Verhalten, und in der Tat definiert Luden die Handlung als die Bewegung der körperlichen oder intellektuellen Kräfte, durch welche Ursachen in Wirksamkeit gesetzt wurden, aus denen die verbrecherische Erscheinung als Folge hervorgehen mufste. Aber da er den Zwang den Begriff der Handlung ausschliefsen läfst, steht fest, dafs auch nach ihm die Handlung ihren Ursprung im Willen haben müsse.

In gleicher Weise ordnet sich bei Luden das Verschulden als Art dem Gattungsbegriffe der rechtswidrigen Handlung und deren Gattungsbegriffe, der Handlung überhaupt, unter, so dafs Luden das System der Lehre vom Tatbestande schon ganz so aufbaut, wie viel später v. Liszt: „1. Eine verbrecherische, durch eine menschliche Handlung hervorgebrachte Erscheinung, 2. Rechtswidrigkeit dieser Handlung, 3. dolose oder culpose Eigenschaft dieser Handlung".[1]) In sein Handbuch (1847) ist freilich diese Einteilung nicht übergegangen.[2])

Umgekehrt hat Bekker seinem Handlungsbegriffe keinerlei Einflufs auf sein System gewährt — soweit der vorliegende Torso es erkennen läfst, sollte es in die Tat- und die Willensseite zerfallen —, dafür aber den Handlungsbegriff selbst umso feiner durchgebildet. Er vertrat bereits jenen Willensbegriff, den später, ganz unabhängig von ihm, Zitelmann zur Herrschaft brachte;[3]) sein Handlungsbegriff soll deshalb im Zusammenhange mit demjenigen Zitelmanns gewürdigt werden.

IV.

Während nämlich bis gegen Ende der siebziger Jahre des 19. Jahrhunderts der Handlungsbegriff der Hegelianer fast unbestritten herrschte, traten um diese Zeit zwei neue Handlungsbegriffe mit ihm in Wettbewerb, der Bindings und der Zitelmanns, der bald in v. Litzts

---

[1]) Abh. II. S. 110.

[2]) Vgl. oben S. 77. Anm. 1.

[3]) Vgl. Bekkers Besprechung von Zitelmanns „Irrtum und Rechtsgeschäft". KVS. XXII. S. 42.

Lehrbuch (und seinen psychologischen Grundlagen nach auch in Hälschners Handbuch) Eingang fand.[1])

Die Prüfung des Handlungsbegriffs der Hegelianer hat ergeben, daſs Handlung und Zurechnung nicht zur Deckung gebracht werden können, daſs sich vielmehr nur solche Handlungsbegriffe konstruieren lassen, die entweder enger oder weiter sind, als der Zurechnungsbegriff. Ein Handlungsbegriff der ersten Art, wie ihn Krug und Geſsler aufstellten, würde aber der ihm bereits von den Hegelianern zuerkannten Aufgabe, den obersten Begriff des Strafrechtssystems zu bilden, nicht genügen können. Es kommt also nur ein Handlungsbegriff der zweiten Art in Betracht, und dieser Art gehören denn auch, wie schon die Handlungsbegriffe Ludens und Bekkers, so die Bindings und Zitelmanns an.

Die Hegelianer waren davon ausgegangen, daſs eine Handlung dann vorliege, wenn das Geschehene gewollt sei, und daran gescheitert, daſs sie den fahrlässig herbeigeführten Erfolg nicht als gewollt zu erweisen vermochten. Es galt also entweder ihren Handlungsbegriff oder ihren, d. h. den allgemeingültigen Willensbegriff aufzugeben.

Hier scheiden sich die Wege Bindings und Zitelmanns.

Binding zieht es vor, den vulgären Willensbegriff preiszugeben. Da er in dem Banne des Irrtums steht, der Begriff der Willensschuld verlange, daſs jeglicher schuld-

---

[1]) Vgl. Binding, Normen II. 1877. S. 104—115. Zitelmann, Irrtum und Rechtsgeschäft. 1879. S. 29—186. v. Liszt, Reichsstrafrecht. 1881. S. 70—71. Hälschner, Gem. dt. Strafrecht. 1881. S. 183—200.

haft verursachte Erfolg auch gewollt sei, mufs er den allgemeinen Willensbegriff durch einen solchen ersetzen, welcher ihm auch den fahrlässig herbeigeführten Erfolg als gewollt zu bezeichnen erlaubt. Da dieser aber zum Willen in keinem engeren Verhältnis steht, als der zufällig herbeigeführte Erfolg, kann er auch dem letzteren die Bezeichnung des Gewolltseins nicht vorenthalten. Für diesen Willensbegriff, der sich mithin restlos auf juristische Erwägungen zurückführen läfst, hat er dann bei Göring[1]) und Ed. v. Hartmann eine psychologische Rechtfertigung gesucht.

Diejenigen andererseits, welche im Gegensatze zu Binding den Begriff der Willensschuld nicht mit dem Gewolltsein des Erfolges in Verbindung bringen, können an dem allgemeinen Willensbegriffe festhalten, nach welchem der fahrlässig herbeigeführte Erfolg nicht gewollt ist, müssen dagegen brechen mit dem Handlungsbegriffe der Hegelianer. Zwei andere Handlungsbegriffe können sie diesem Handlungsbegriff, nach welchem alles Geschehene gewollt sein muss, gegenüberstellen; sie können entweder, anknüpfend an einen zur Begründung des Handlungsbegriffs der Hegelianer vergeblich benutzten Beweisgrund[2]) sagen, dafs nur etwas Geschehenes, eine Bedingung zum Erfolge, zum mindesten die dem tätigen Willen nächste Bedingung, das körperliche Verhalten des Handelnden, oder dafs nichts von dem Geschehenen gewollt, alles nur durch den Willen verursacht zu sein brauche.

---

[1]) Göring fafst seine Ansichten kurz zusammen in der Schrift Über die menschl. Freiheit und Zurechnungsfähigkeit. 1876. S. 91—109. Über und gegen ihn vgl. Liepmann, Einleitung. S. 32—34; Kuhlenbeck, Schuldbegriff. S. 41—45.

[2]) Vgl. oben S. 102.

Dank dem Einflusse der sogen. psychologischen Jurisprudenz[1]) ist man aber zu so einfachen Ergebnissen erst auf einem Umwege gelangt. Zitelmann beschränkte sich nicht auf den Nachweis, daſs zum Handlungsbegriffe nur etwas oder nichts Geschehenes gewollt zu sein brauche, sondern wies nach, daſs nichts auſser der Körperbewegung überhaupt gewollt sein könne, und seine kriminalistischen Anhänger, denen doch nur um einen das Gewolltsein des Geschehenen nicht fordernden Handlungsbegriff zu tun sein konnte, übernahmen Zitelmanns Handlungsbegriff in Bausch und Bogen, verwarfen mit dem Handlungsbegriff der Hegelianer auch den allgemeinen Willensbegriff.

So tritt dem Willensbegriff Bindings, nach welchem alles durch den Willen Bewirkte auch gewollt, diejenige Zitelmanns gegenüber, nach welchem nichts von dem durch den Willen Bewirkten auſser der Körperbewegung gewollt ist.

Während Binding mit seinem Handlungsbegriffe völlig allein steht, darf man denjenigen Zitelmanns als den herrschenden ansprechen. Unbedenklich kann man für ihn (auſser Bekker und v. Liszt) Bünger, Frank, Lammasch, M. E. Mayer, Träger und Schloſsmann in Anspruch nehmen.[2])

---

[1]) zu deren richtiger Einschätzung auch Pfersche, Irrtumslehre des österr. Privatr.s. S. 20—22. Binding, Handb. I. S. 11—13. Bekker, KVS. XXII und Witte (zitiert bei Kuhlenbeck, Schuldbegriff. S. 14/15) zu vergleichen sind.

[2]) Die Anhänger und Gegner des Zitelmannschen und die Gegner des Bindingschen Handlungsbegriffes.

Es ist nicht immer leicht zu entscheiden, ob gesagt werden soll, daſs allein die Körperbewegung gewollt sein könne, oder daſs zum Handlungsbegriffe allein sie gewollt zu sein brauche.

Der ersten Ansicht sind auſser Bekker, Zitelmann, v. Liszt

Obgleich psychologisch einander diametral entgegengesetzt, führen die Handlungsbegriffe Bindings

---

schon Schlofsmann, Vertrag. 1876. S. 135/136. und Thon, Rechtsnorm u. Subj.R. 1878. S. 359. Anm. 66, ferner Schwalbach GS. 31. (1880.) S. 608 Anm., Hrerowicz, Grundbegriffe des Str.R.s 2. A. 1882. S. XIII, 45—47, Lammasch, Hdlg. u. Erfolg (Grünhut IX) S. 227. (vgl. dazu v. Liszt, Z. VI. S. 621—623). Bünger, Z. VI. 1886. S. 321. Vorstellg., Wille u. Hdlg. 1888. S. 31. Frank, Z. X. 1900. S. 204, Str.GB. (1. A. 1897.) § 1 III, § 59 II 1 b. Träger, Wille, Determinismus, Strafe. 1895. S. 27—30. M. E. Mayer, Schuldhafte Handlung. 1901. S. 29/30. und die französische Jurisprudenz (Unterscheidung von volonté, gerichtet auf die Körperbewegung, und intention, gerichtet auf den Erfolg).

Der zweiten Ansicht scheinen zu sein Hertz, Unrecht. 1880. S. 143. Janka, Österr.Str.R. 1. A. 1884. S. 50. Landsberg, Kommissivdelikte durch Unterlassg. 1890. S. 119—122. van Hamel, Nederlandsch. Strafrecht I. 1889. S. 201. Anm. 16. Finger, (österr.) Str.R. I. 1. A. 1894. S. 150.

Gegen Zitelmanns Handlungsbegriff haben sich erklärt Betz, forum del. comm. Gött. Diss. 1896. S. 20. Bierling, Juristische Prinzipienlehre II. 1898. S. 52—55. Enneccerus, Rechtsgeschäft, Bedingung und Anfangstermin. 1889. S. 9—16. Hagen, Vorsatz. Z. XIX. S. 161—167. Hauser, Vorsatz. G.S. 54. S. 24/26, 43/44, 36/38. v. Hippel, Vorstellungstheorie (Gött. Festschr. f. Regelsberger). 1901. S. 368—386. Kuhlenbeck, Schuldbegriff. 1892. S. 37—41. Löffler, Schuldformen. 1895. S. 6, 232—237. Pfenninger, Archiv f. öff. R. XVII. S. 169—173, Pfersche, Irrtumslehre des österr. Privatr.s. 1891. S. 33/34. Sturm, Strafr. Verschuldung. 1902. S. 8—16. Thomsen, Verbrechensmotiv. 1902. S. 150. Weismann, Z. XI. S. 85.

Gegen Bindings Handlungsbegriff haben sich erklärt Geyer, KVS. XIX. S. 441—448, Revista penale XI. S. 275/276. Hauser, a. a. O. S. 30—36. Heinemann, Bindingsche Schuldlehre. S. 8—14. Kohlrausch, Rechtsirrtum. 1902. 3—6. Kuhlenbeck, a. a. O. S. 41 bis 45, 69/70. Sigwart, Begriff des Wollens, Kl. Schr. II. 2. A. 1889. S. 172—186. Sturm, a. a. O. S. 11—16. Wahlberg, Kl. Schr. III. S. 241—243. (Z. II. S. 189/190).

Über Binding und Zitelmann vgl. auch Thyrèn, Abhandlungen II. 1896. S. 109—116.

und Zitelmanns zu völlig gleichen systematischen Konsequenzen. Während die Hegelianer keine Handlung als solche anerkannten, die nicht von einem Zurechnungsfähigen ausgegangen und entweder vorsätzlich oder fahrlässig wäre, kennen Binding und Zitelmanns Anhänger neben Handlungen Zurechnungsfähiger auch solche Zurechnungsunfähiger, neben schuldhaften auch schuldlose Handlungen.

So ist die schuldhafte Handlung der engere Begriff gegenüber der Handlung überhaupt, und, da nach geltendem Recht Vorsatz und Fahrlässigkeit auf das Verbrechen als rechtswidrige Handlung bezogen werden müssen,[1]) auch gegenüber der rechtswidrigen Handlung. Da weiter strafbar in der Regel nur eine schuldhafte rechtswidrige Handlung sein kann, muſs, wie schon bei Luden, so auch bei v. Liszt, zunächst die Handlung, dann die Rechtswidrigkeit in ihrer Beziehung zur Handlung oder die Handlung als rechtswidrige, dann die Schuldhaftigkeit in ihrer Beziehung zur rechtswidrigen Handlung oder die rechtswidrige Handlung als schuldhafte und schlieſslich die Strafbarkeit in ihrer Beziehung zur schuldhaften rechtswidrigen Handlung oder die schuldhafte rechtswidrige Handlung als strafbare gedacht werden und so die Lehre vom Verbrechen sich nach Art eines Systems konzentrischer Kreise in das Verbrechen als Handlung, als rechtswidrige, als schuldhafte und als strafbare Handlung gliedern.

Mit der schuldhaften Handlung tritt ein neues Bauglied in das System ein. Bisher erschienen Vorsatz und Fahrlässigkeit als die beiden Arten der zur Handlung erforderlichen Willensbestimmung. Nachdem sich aber

---

[1]) Vgl. v. Liszt, Lehrb. 12. A. S. 138.

nunmehr gezeigt hat, daſs diese Willensbestimmung auch vorliegen könne, ohne daſs Vorsatz oder Fahrlässigkeit vorläge, heiſst es einen andern sie und nur sie umfassenden Begriff finden. Liszt besitzt einen solchen nicht.[1]) Es ist aber unangängig, das Verbrechen dahin zu bestimmen, daſs es entweder vorsätzlich oder fahrlässig sei; ein und derselbe Begriff kann nicht in einem Teil seiner Anwendungsfälle statt eines auch ein anderes Merkmal haben, es sei denn, daſs beide Merkmale dem gleichen Oberbegriff unterstünden, und dann heiſst es eben diesen suchen und statt ihrer in die Definition einsetzen. Ein Schuldbegriff kann aber auch auf Lisztscher Grundlage unschwer ergänzt werden. Er wäre etwa dahin zu formulieren, daſs eine schuldhafte Handlung eine solche sei, die für den Täter charakteristisch ist.

Wie Vorsatz und Fahrlässigkeit nur der Willensseite, so muſs der Versuch aus der Tatseite der Handlung ausscheiden. Ob eine Handlung ein Versuch oder ob sie zum Ziele gediehen ist, ergibt sich nicht aus ihrer Betrachtung als Handlung, freilich auch nicht allein aus der Betrachtung des Vorsatzes, sondern aus der Vergleichung der Handlung mit ihm. Versuch und Vollendung sind die Erscheinungsformen weder der Handlung noch der Schuld, sondern der schuldhaften Handlung, näher: der vorsätzlichen Handlung.

Früher standen einander Vorsatz und Fahrlässigkeit einerseits, Vollendung und Versuch und Rechtswidrigkeit andererseits als subjektive und objektive Seite des Verbrechens gegenüber. Dann wurde die

[1]) Die Bestimmung, daſs Schuld Verantwortlichkeit für die begangene rechtswidrige Handlung sei, ist lediglich Nominaldefinition.

oberste Einteilung des Systems eine solche der Über- und Unterordnung: der Handlung subsumierte sich die rechtswidrige Handlung. Aber innerhalb der Handlung traten nach wie vor der Vorsatz und die Fahrlässigkeit der Vollendung und dem Versuche als Willens- der Tatsache gegenüber. Jetzt hat sich die schuldhafte Handlung der rechtswidrigen Handlung subordiniert, die ihrerseits wieder der Handlung überhaupt untersteht, und der schuldhaften Handlung selbst ordnen sich wiederum die vorsätzliche und die fahrlässige, der vorsätzlichen aber die versuchte und die vollendete unter. Jede Lehre steht zur vorangegangenen nicht mehr im Verhältnis der Antithese, sondern im Verhältnis der Subsumtion, und als letzter spärlicher Rest des alten antithetischen Aufbaus ist nur seine ehemals allzu üppig ins Kraut geschossene Wurzel geblieben: die Entgegenstellung von Willensbetätigung und Erfolg innerhalb des obersten Begriffes der Handlung. Wenn Über- und Unterordnung die eigentlich systematische Methode ist, so haben wir von nun an erst ein Strafrechtssystem, und der Handlungsbegriff ist, indem er sich allmählich von den spezifischen Merkmalen der verbrecherischen Handlung abschied, sein Schöpfer geworden!

Aber nicht nur auf den systematischen Aufbau der Merkmale des Verbrechens, sondern auch auf ihren Inhalt gewinnt der vorliegende Handlungsbegriff Einfluſs. Wie bei dem Handlungsbegriffe der Hegelianer die Fahrlässigkeit, so kommt hier der Vorsatz nicht zu seinem Rechte. Denn mag man den Erfolg der gewollten Tätigkeit für stets oder für nie gewollt erklären — in beiden Fällen kann man den Unterschied von Vorsatz und Fahrlässigkeit nicht darin suchen, daſs dort der Erfolg gewollt, hier nicht gewollt sei. Es kann sich also kein Vertreter des hier fraglichen Handlungsbegriffes der Willenstheorie anschliefsen.[1] [2])

Noch ernstere Schwierigkeiten entstehen aber hinsichtlich des Versuches. Solange man daran festhält, dafs versuchtes Verbrechen „die auf die Verwirklichung sämtlicher Tatbestandsmerkmale gerichtete, diese Verwirklichung aber nicht erreichende Willensbetätigung" sei,[3] kann man auf Grund des Zitelmannschen Handlungsbegriffes nur den beendeten Versuch für einen Versuch erklären. Denn wenn nur eine vollzogene Körperbewegung gewollt ist, kann eine auf den Erfolg gerichtete Willensbetätigung nur dann angenommen werden, wenn der Erfolg als Wirkung einer bereits vollzogenen, nicht wenn er als Wirkung noch zu vollziehender Körperbewegungen vorgestellt wird.[4] Auf Grund des Binding-

---

1) Dies tut freilich jetzt (Grdr. des österr. Str.R.s. 2. A. 1902. S. 23) Lammasch. Bünger wird dagegen von Frank, Z. X. S. 202—204, v. Hippel, Vorstellungstheorie S. 367 und v. Liszt, Lehrb. 12. A. S. 137 Anm. 2 fälschlich zu den Vertretern der Willenstheorie gerechnet. Von den andern Vertretern der Vorstellungstheorie unterscheidet er sich nur dadurch, dafs er, ähnlich wie M. E. Mayer, zur Bestimmung des Vorsatzes nicht lediglich die Vorstellung des Erfolges, sondern auch ihr motivisches Verhältnis zum Wollen der Körperbewegung benutzt. Das Wollen des Erfolges fordert weder der eine noch der andere zum Vorsatze. — Auch nach Binding „bildet die Basis für die Schuldunterscheidung allein das den schuldhaften Willen begleitende Bewufstsein" (Normen II. S. 117).

2) Der Gegensatz der Willens- und der Vorstellungstheorie hat, wenn auch einzelne Vertreter der Vorstellungstheorie, wie z. B. v. Liszt, zugleich Intellektualisten sind, mit dem Gegensatze zwischen Voluntarismus und Intellektualismus nichts zu schaffen. Dieser bezieht sich auf Entstehung und Wesen, jener auf den Inhalt des Willens. A. M. Birkmeyer in seiner Enzyklopädie S. 1055 und A. Horn in G.A. 43 S. 214 ff.

3) Vgl. v. Liszt. 12. A. S. 202.

4) Nur Bünger, Z. VI. S. 352—364. hat sich mit diesem Bedenken befafst.

schen Handlungsbegriffes aber ist die Willensbetätigung auf jeglichen im Bereiche der Möglichkeit gelegenen Erfolg der Tätigkeit gerichtet, einerlei, ob er vorgestellt wurde oder nicht.[1]) Ob man den Versuchsbegriff der Anhänger Zitelmanns erweitern, den Bindings einengen könne dadurch, daſs man ihn gar nicht auf das Wollen, sondern nur auf die Vorstellung des Erfolges abstellt, kann hier nicht erörtert werden. Jedenfalls wäre das eine so fundamentale Umwälzung, daſs sie ohne Not nicht vorgenommen werden dürfte.

Wie die juristischen Konsequenzen der Handlungsbegriffe Bindings und Zitelmanns die gleichen sind, so ist es auch ihr psychologischer Ausgangspunkt.[2]) Es liegt deshalb viel Ironie darin, daſs jener ebenso allgemein abgelehnt, wie dieser gebilligt wird. Um den Nachweis zu führen, muſs ich beide Schriftsteller in gröſserem Umfange ausschreiben.

Zitelmann führt[3]) aus: „In gewissen Fällen finden wir in der Auſsenwelt einen zureichenden Grund für die körperliche Bewegung nicht. Die von uns beobachtete Kausalreihe endigt sich, soweit wir sie zurückverfolgen können, mit der körperlichen Bewegung selbst; sie verschwindet in dem geheimnisvollen Innern des sich bewegenden Subjektes, gleich wie der Ursprung eines Gebirgsbaches, dessen Quelle wir suchen, durch den Berg unseren suchenden Augen entzogen wird, aus dessen dunklem Schoſs er plötzlich fertig hervorbricht. Wie aber der Bach eine Quelle, so muss auch die körperliche Bewegung eine Ursache haben, und wie wir ohne

[1]) Vgl. Hertz, Unrecht. S. 149. und Hauser, Vorsatz G. S. 54, S. 36.

[2]) Dies haben nur Hagen, Z. XIX. S. 165. Anm. 15. und Sturm, Strafr. Verschuldung (Bennecke Heft 41). 1902. S. 12. bemerkt.

[3]) S. 35, 36.

weiteres annehmen, daſs der Bach im Innern des Gebirges zusammenströmt, so werden wir auch unwillkürlich dazu gedrängt, die Ursache der körperlichen Bewegung, die wir nicht auſserhalb des Menschen finden, in ihm zu suchen. Wir definieren dieses psychische X lediglich nach seiner Wirkung: Willensakt ist die psychische Ursache, durch welche motorische Nerven unmittelbar erregt werden.“

Und Binding sagt: [1]) „Sobald der Wille aber nichts anderes ist als das, was den Menschen zum Ursacher oder Urheber macht, so versteht sich ganz von selbst, daſs der Wille von der Vorstellung des Wollenden unabhängig sein muſs. Eine Ursache wirkt nur auf die Welt, wie sie ist, nicht, wie sie sich im Kopfe des denkenden Erzeugers der Ursache darstellt.“

An diesen Ausführungen ist nichts auszusetzen. Binding wie Zitelmann charakterisieren den Willen völlig zutreffend, so weit man es auf Grund der Beobachtung allein der Körperwelt kann: Er ist für sie etwas, von dem man nicht mehr weiſs, als daſs er, ohne der Körperwelt anzugehören, auf die Körperwelt wirkt. Dies tut er freilich nicht immer (innere Willensakte!) und nicht er allein (Ausdrucksbewegungen!) [2]) aber, was die Betrachtung der Körperwelt über den Willen lehrt, ist hiermit erschöpft.

Beachtenswert ist — zur Erklärung der Verschiedenheit der Wege, die Binding und Zitelmann später einschlagen — der Umstand, daſs Zitelmann den Willensbegriff erst gewinnt, indem er eine Kausalkette aufwärts verfolgt, so erst hinter der Körperbewegung

[1]) Normen II. S. 111.

[2]) Vgl. Sigwart, Begriff des Wollens. (Kl. Schr. II). S. 133/134.

auf den Willen stöſst und deshalb lediglich die direkte kausale Beziehung des Willens zur Körperbewegung betont,[1]) daſs dagegen Binding den Begriff des Willens als nicht körperweltlicher Ursache körperweltlicher Veränderungen voraussetzt, die von dem so aufgefaſsten Wollen ausgehende Kausalkette abwärts blickt und so die direkte oder indirekte Beziehung aller ihrer Glieder zum Willen gleichermaſsen beachtet.

Soweit konnten wir Zitelmann und Binding folgen. Jetzt substituieren sie aber den Sätzen, der Wille sei die psychische Ursache, durch welche motorische Nerven unmittelbar erregt werden, der Wille sei das, was den Menschen kausal mache, die andern, die Körperbewegung, und nur sie sei gewollt, sämtliche Wirkungen des Willens seien gewollt.[2]) Gründe für diese Identifikation der Verursachung durch den Willen mit dem Wollen werden nicht angegeben. Begründet wird lediglich von den Vertretern des Zitelmannschen Standpunktes, daſs sie nur die direkte und nicht mit Binding jegliche Verursachung durch den Willen mit dem Wollen identifizieren, und zwar in der ausgesprochenen Voraussetzung, daſs auf ihrem Standpunkte nur diese beiden Möglichkeiten bestehen.[3]) Die Be-

---

[1]) Genau so verfahren Bekker, Theorie I. S. 246/247. und Frank, Z. X S. 204/205.

[2]) In geradezu epigrammatischer Zuspitzung finden wir diese Identifikation bei v. Liszt ausgedrückt (10. A. S. 105): „Wollen bedeutet nach meinem Sprachgebrauch lediglich denjenigen psychophysischen Akt, durch welchen die Anspannung der Muskeln erfolgt. ‚Gewollt' ist mithin nur die Körperbewegung, niemals der Erfolg."

[3]) Vgl. Bünger, Z. VI. S. 321. M. E. Mayer, Schuldhafte Handlung. S. 30. und Bekker, Theorie I. S. 253: „Oder sollen wir sagen: den verbrecherischen Erfolg will, wer diejenigen eigenen Handlungen will, welche diesen Erfolg hervorzurufen mitwirken?"

gründung geht dahin, daſs nur die Körperbewegung „reines Willensprodukt“ sei[1]) und ist von Löffler[2]) und v. Hippel[3]) bereits hinlänglich widerlegt worden. Es ist nicht ganz ohne Witz, daſs Binding keinen Anhänger fand, weil er nur einen Fehler beging, Zitelmanns Handlungsbegriff zum herrschenden wurde, weil er diesen ersten Fehler durch einen zweiten zum Teil neutralisierte!

Die Konsequenzen beider Handlungsbegriffe sind höchst eigenartig.

Weil der Wille bei Binding wie bei Zitelmann nur als Ursache in Betracht genommen wird, etwas Ursache aber nur in Beziehung auf Wirkungen sein kann, ist nach beiden, wo nichts geschehen ist, auch nichts gewollt. Beim Versuche sind weder (wenn es sich um einen unbeendeten Versuch handelt) die noch ausstehenden Körperbewegungen, noch (wenn es sich um ein fehlgeschlagenes Verbrechen handelt) der bezweckte Erfolg gewollt. Andererseits ist nach Binding alles, was, nach Zitelmann jede Körperbewegung, die als Wirkung des Willens geschehen ist, auch gewollt, gleichviel also ob vorgestellt oder nicht. Binding bekennt sich, wie genugsam bekannt, offen zu dem (schlecht[4])) sog. unbewuſsten Willen.

---

[1]) So Bekker, Theorie I. S. 249. Nur Bünger, Z. VI. S. 320. hat noch einen andern Beweisgrund: Wenn man mit Schopenhauer den Willen für die innere Seite der Körperbewegung ansehe, könne man nur sie als gewollt erklären. Das ist eine durchaus nicht notwendige Folgerung aus einer metaphysischen Prämisse.

[2]) Schuldformen. S. 232—237.

[3]) Vorstellungstheorie. S. 371—373.

[4]) Vgl. Liepmann, Einleitung. S. 35.

Aber auch Zitelmann sagt [1]: „Der Wille muſs als an sich auſser jeder Verbindung mit der Vorstellung gedacht werden; sein Inhalt ist nicht selbst eine Vorstellung, sondern ist nur etwas, was zugleich Inhalt einer Vorstellung sein kann," nämlich die Körperbewegung selbst. Er bekennt sich also grundsätzlich zum unbewuſsten Willen. Aber auch tatsächlich ist die durch den Willen bewirkte Körperbewegung sehr häufig nicht zugleich Inhalt einer Vorstellung. Wenn nämlich auch nach Wundt [2] die äuſsere Willenshandlung ursprünglich aus der Apperzeption einer Bewegungsvorstellung entstanden ist, so verblaſst doch bei einfacheren Willenshandlungen diese Bewegungsvorstellung im Laufe der Entwicklung und wird schlieſslich völlig von der Vorstellung des Erfolges absorbiert, deren Apperzeption dann unmittelbar die Körperbewegung auslöst. [3] Schuppe [4] sagt sogar, „daſs die Arm- und Beinbewegung niemals in unserem Bewuſstsein Objekt oder Inhalt des Willens ist, sondern daſs diese von selbst erfolgt in Gemäſsheit des gewollten Erfolges". Nun ist es aber gar nicht einmal die hiernach durchaus nicht immer, aber doch zuweilen vorgestellte Körperbewegung, die nach Zitelmanns Theorie als allein gewollt aufgefaſst werden müſste. Nur die unmittelbare Wirkung des Willens soll nach ihr gewollt sein, das ist aber nicht die Körperbewegung, sondern die Innervation, und wenn Zitelmann dennoch den Willen meist auf die Körperbewegung bezieht, so dürfen wir nicht vergessen, daſs

[1] S. 72.

[2] Physiol. Psychologie. 4. A. II. S. 567.

[3] Daselbst S. 568.

[4] Göttinger gel. Anzeigen 1902 S. 182 in einer Kritik von M. E. Mayers Schuldhafter Handlung.

er unter diesem Begriffe ausdrücklich die Innervation als Ursache und die Muskelkontraktion als Wirkung zusammengefaſst wissen will.[1]) Die Innervation ist nun aber niemals in der Vorstellung gegeben.[2]) So müssen Zitelmann und seine Anhänger nicht nur grundsätzlich die Möglichkeit eines unbewuſsten Wollens zugestehen, sondern, obgleich nur Bünger[3]) es einräumt, auch tatsächlich unbewuſsten Willen zum Aufbau des Handlungsbegriffes verwenden. Sie sprechen deshalb, wenn sie Binding bekämpfen, ihrer eigenen Theorie das Todesurteil.

Die wunderlichen Konsequenzen von Bindings und Zitelmanns Willensbegriff, die zugestandenermaſsen mit dem allgemeinen Sprachgebrauche im Widerspruche stehen, erregen unser Miſstrauen gegen ihn. Wir muſsten die Auffassung des Wollens als der nicht körperweltlichen Ursache körperweltlicher Ereignisse zustimmen, Zweifel stiegen erst dann auf, als diese körperweltlichen Wirkungen als solche in weiterem oder engerem Umfange für gewollt erklärt wurden. Wäre in der angegebenen Begriffsbestimmung alles enthalten, was vom Wollen überhaupt ausgesagt werden kann, so müſste sich aus ihr auch ableiten lassen, was „gewollt" sei.

„Der Inhalt einer jeden Kraft bestimmt sich nach ihrer Leistung: man nennt das den Inhalt der Kraft, was durch diese Kraft ausgeführt wird," sagt Zitelmann.[4]) Wäre uns der Wille nur als wirkende Kraft bekannt, so könnten wir nicht umhin, ihre Wirkungen

---

[1]) Vgl. S. 32, 33.

[2]) Diesen Einwand hat zuerst Enneccerus, Rechtsgeschäft, Bedingung und Anfangstermin, S. 10—14, erhoben.

[3]) Z. VI. S. 322.

[4]) S. 72.

als solche für gewollt zu erklären. Da wir letzteres in der Tat nicht tun, mufs uns der Wille noch in einer anderen Eigenschaft denn als wirkende Kraft vertraut sein.

Wir sahen, dafs sowohl Zitelmann wie Binding das Wollen in seiner Bedeutung für die Körperwelt betrachteten. Könnten wir das Wollen lediglich an anderen beobachten, so wäre in seiner Bedeutung für die Körperwelt freilich unsere Kenntnis von ihm erschöpft. Nun sind wir aber auch selbst wollende Wesen und können deshalb das Wollen auch nach seiner Bedeutung für unsere und auf Grund eines Analogieschlusses auch für anderer Leute Innenwelt ermitteln. In der Tat findet der Gebrauch, den die Umgangssprache von der Aussage macht, es sei etwas gewollt, ihre Erklärung, sobald wir sie auf diese rein psychologische Bedeutung des Wollens beziehen.

Nach dem Sprachgebrauch kann nur etwas Vorgestelltes gewollt sein, und wie er in dieser Hinsicht seine Grenzen enger zieht als Binding und Zitelmann, so zieht er sie in anderer Beziehung weiter: nicht nur wirklich Geschehenes kann gewollt sein, wie jeder mifslungene Versuch, jedes unausgeführt gebliebene Vorhaben beweist: Wie also das Geschehene nur gewollt sein kann, wenn es vorgestellt ist, so kann das Vorgestellte auch dann gewollt sein, wenn es nicht geschehen ist: Etwas nur Vorgestelltes kann gewollt sein. Daraus folgt, dafs auch das gewollte Geschehene nicht gewollt ist, sofern es wirklich ist, sondern nur, insofern es vorher vorgestellt war und mit dieser Vorstellung übereinstimmt[1]) (womit sich Hälsch-

[1]) Dies will M. E. Mayer mit den von v. Hippel, Vorstellungstheorie. S. 385. mifsverstandenen Worten sagen: „Der gewollte Erfolg ist in Wahrheit die gewollte Vorstellung dieses Erfolges.“

ners[1]) Einwand, „es sei nicht einzusehen, wie der psychische Zustand des Handelnden, der untätig der Entwicklung des von ihm angeregten Kausalverhältnisses zuschaut, ein Wollen genannt werden könne," dahin erledigt, daſs der Erfolg gar nicht bis zu seinem Eintritte gewollt zu sein brauche).

Für jene Anschauung, die allein die Körperbewegung erklären will, gilt es, nun aber noch eine letzte Zuflucht. Sie könnte sich im Gegensatze zu ihrem Ausgangspunkte mit uns auf den Boden rein psychologischer Betrachtung des Wollens stellen und behaupten, jenes freundliche Verhältnis des Ich zu einer seiner Vorstellungen, welches wir Wollen nennen, sei, wenn jene Vorstellung die Bewegung des eigenen Körpers zum Inhalte habe, dermaſsen anders, als dann, wenn sie sich auf andere Gegenstände beziehe, daſs man den ersten Fall streng vom zweiten sondern müsse und in einem engeren Sinne wohl ihn allein als Wollen betrachten dürfe. So Zitelmann[2]), wenn er fragt: „Wenn die Seele weiſs, daſs ihr Wille nichts anderes kann, als den motorischen Nerven gebieten — wie wird sie dann etwas anderes zu wollen sich erkühen?"

Dieser Einwand widerlegt sich durch folgende Erwägung. Die Apperzeption einer Bewegungsvorstellung hat vor der Apperzeption anderer Vorstellungen nichts voraus, auſser daſs ihr das Bewuſstsein beiwohnt, daſs sie die Bewegung herbeizuführen imstande sei. Dieses Bewuſstsein kann nur durch Erfahrung erworben werden: das kleine Kind hat es noch nicht. Wie hätte es aber diese Erfahrung erwerben können, wenn sich nicht bei

---

[1]) Gem. dt. Str.R. I. S. 192.

[2]) S. 126.

ihm die Körperbewegung an die Apperzeption der Bewegungsvorstellung geknüpft hätte, auch ohne daſs es dazu der Voraussicht dieser Wirkung bedurfte? Bei ihm war die Apperzeption der Bewegungsvorstellung also in nichts von der Apperzeption anderer Vorstellungen verschieden. Ein solcher Unterschied kann sich aber auch durch den Hinzutritt jener Erfahrung nicht herausgebildet haben: denn die Apperzeption der Körperbewegung wirkt nach ihm nicht anders, als sie schon vor ihm gewirkt hatte. Also ist auch beim Erwachsenen die Apperzeption einer Bewegungsvorstellung selbst in nichts von der Apperzeption anderer Vorstellungen unterschieden. Daſs zugleich mit ihr die Voraussicht des Eintritts der Bewegung im Bewuſstsein ist, läſst sie selbst völlig unberührt.

Ich resumiere: Als Tatsache der Körperwelt betrachtet, steht der Wille in Beziehung zu seinen in Tatsachen bestehenden Wirkungen. Als Tatsache der Innenwelt betrachtet, ist der Wille eine Beziehung des Ich zu seinem in Vorstellungen bestehenden Inhalte. Gewollt nennen wir nur seinen Inhalt. Nennen wir seine Wirkungen gewollt, so meinen wir damit, daſs diese Wirkungen dem im eigentlichen Sinne gewollten Vorstellungsinhalte entsprechen. Die Wirkungen als solche sind nur vom Willen verursacht.

Es hat wirklich einer langen Entwicklung bedurft, um zu diesen einfachen Unterscheidungen vorzudringen. Wir sahen, wie die älteren Theoretiker nur, was gewollt ist, als Wirkung des Willens ansahen. Von den soeben betrachteten Schriftstellern wurde genau umgekehrt alles, was durch den Willen (nach dem einen nur direkt, nach dem andern direkt oder indirekt) bewirkt ist, für gewollt angesehen. Und jetzt erst wird die Erkenntnis reif, dass weder das Gewollte auch durch den Willen verwirklicht, noch das durch den Willen Verwirklichte auch gewollt zu sein brauche, beides vielmehr streng zu unterscheiden ist!

Nach dieser notgedrungenen Abschweifung ins Reich der Psychologie stehen wir wieder da, wohin wir ohne sie durch die normale Fortentwicklung des Handlungsbegriffes der Hegelianer unmittelbar geführt worden waren. Wir sahen, dafs diejenigen, die nicht mehr mit den Hegelianern das Geschehene, also auch den fahrlässig herbeigeführten Erfolg, für gewollt erachteten, zwei Möglichkeiten offen standen: nämlich zu verlangen, entweder, dafs nur etwas Geschehenes, eine Bedingung zum Erfolge, zum mindesten die dem tätigen Willen nächste Bedingung, das körperliche Verhalten des Handelnden gewollt sei, oder dafs nichts von dem Geschehenen gewollt, alles nur durch den Willen verursacht zu sein brauche. An die psychologische Episode in der Entwicklungsgeschichte des Handlungsbegriffes angeknüpft, ist diese Alternative aber so auszudrücken: Sollen wir übereinstimmend mit dem Wortlaute, aber nicht mit dem Sinne des Zitelmannschen Handlungsbegriffes fordern, dafs die Körperbewegung gewollt sei, oder sollen wir umgekehrt übereinstimmend mit seinem und Bindings Sinne, aber nicht mit ihrem Wortlaute uns damit begnügen, zu fördern, dafs sie und damit der Erfolg durch den Willen verursacht sei?

Für die erste Alternative hatte sich die überwiegende Mehrzahl der Schriftsteller entschieden.[1]) Doch läfst sich gegen sie einwenden, dafs man eines versuchten oder

---

[1]) Vgl oben S. 113f. Anm. 2.

eines fahrlässigen Verbrechens schuldig sein kann, ohne auch nur die Körperbewegung gewollt zu haben. Der Willensimpuls, der aus dem Wollen einer Körperbewegung hervorgeht, kann mangels gehöriger Einübung oder infolge einer Störung der Nervenleitung eine ganz andere als die gewollte Körperbewegung hervorrufen; wir kennen solche willkürliche (d. h. durch ein Wollen verursachte) und dennoch ungewollte Körperbewegungen unter der Bezeichnung ‚ungeschickte Bewegungen',[1]) und es kann keinem Zweifel unterliegen, daſs eine ungeschickte Körperbewegung, falls der Handelnde sie gewärtigen muſste und ihren rechtsverletzenden Erfolg voraussehen konnte, die Fahrlässigkeit begründen könne und, falls der Vorsatz auf einen verbrecherischen Erfolg gerichtet war, der infolge des Miſsglückens der gewollten Bewegung ausgeblieben ist, einen zum Begriff des Versuchs genügenden „Anfang der Ausführung" enthalte. Fordert man nun aber für den Begriff der Handlung das Gewolltsein der Körperbewegung, so würden solche Fälle aus dem Begriffe der Handlung, und damit des Verbrechens herausfallen und straflos bleiben müssen.[2])

Es ist also jener weitere Begriff der Handlung an-

---

[1]) Vgl. Landsberg, Kommissivdelike durch Unterlassung. S. 120. Sigwart, Begriff des Wollens, Kl. Schr. II. S. 177.

[2]) Diese Ausführungen richten sich auch gegen Liepmann, der sich nicht begnügt zum Handlungsbegriff (adäquate) Kausalität des Willens für die Tat zu fordern (vgl. oben S. 106 ff.), sondern auſserdem Gewolltsein einer Bedingung des Erfolges verlangt (vgl. Einleitung S. 84 f.). Er ist hierzu ersichtlich durch seine Bezeichnung des Willens als „bewuſster Ursachensetzung" verleitet worden. Dieser höchst verwirrende Ausdruck will zweierlei zugleich ausdrücken: (erstens) wirkliche Setzung einer Ursache durch einen Bewuſstseinsvorgang, der (zweitens) die Setzung einer Ursache zum Vorstellungsinhalte hat, und wäre zulässig nur, wenn die wirklich gesetzte Ursache der vorgestellten stets entsprechen müſste.

zunehmen, der lediglich Kausalität des Willens für die Tat fordert[1]) und die Frage, welches der Inhalt des Wollens war, gänzlich der Schuldfrage zuweist, jenen Handlungsbegriff also, der „keine in bestimmter Weise geeigenschaftete, sondern nur eine in bestimmter Weise (nämlich durch einen bewufsten Willensakt) verursachte körperliche Bewegung" ist und den Zitelmann[2]) a limine abweist. Mit aller Schärfe vertritt ihn E. Beling[3]): „Für die Feststellung, dafs eine ‚Handlung' vorliegt genügt die Gewifsheit, **dafs** der Täter willentlich tätig geworden bezw. untätig geblieben ist. **Was** er gewollt hat, ist hierfür gleichgültig;

---

[1]) Der Text steht auf dem Boden der psychophysischen Kausalität, wie sie Stumpf, Wentscher, Rickert vertreten. Doch ist, wie Landsberg, Kommissivdelikte durch Unterlassung. S. 26. Anm. 1. richtig bemerkt, der Streit zwischen psychophysischer Kausalität und psychophysischem Parallelismus für die Rechtswissenschaft belanglos. Nach parallelistischer Auffassung wäre die Handlung zu definieren nicht als eine durch ein Wollen, sondern als eine durch den der psychischen Erscheinung des Wollens entsprechenden Gehirnvorgang verursachte Körperbewegung, so dafs Kausal- und Schuldzusammenhang sich nicht mehr in dem beiden gemeinsamen, wenn auch in beiden unter verschiedenen Gesichtspunkten betrachteten Wollen treffen (vgl. oben S. 107f.), sondern gleich dem nexus physicus und dem nexus psychicus ohne jegliche Berührung nebeneinander herlaufen würden. Da wir aber einstweilen die dem Willen entsprechenden Gehirnvorgänge noch nicht kennen, kann man auf ihr Vorliegen nur aus dem Vorliegen des seelischen Parallelvorganges schliefsen, uud das Verfahren der Feststellung der Handlung wird deshalb für den Parallelisten äufserlich ganz das gleiche sein, wie für den Vertreter der psychophysischen Kausalität, wenn auch letzterer nach dem Vorliegen des Willens fragt, um auf ihn die Körperbewegung zurückzuführen, ersterer, um aus seinem Vorliegen auf das Vorliegen unbekannter Gehirnvorgänge zu schliefsen, auf die allein er die Körperbewegung zurückführen zu dürfen meint.

[2]) S. 29.

[3]) Grundzüge des Str.R.s. 2. A. 1902. S. 38. (Zusatz der neuen Auflage!)

der Willensinhalt ist nur von Bedeutung für die Frage der Schuld."[1])

Jetzt erst ist die Trennung des Kausalzusammenhangs vom Schuldzusammenhange, der imputatio facti von der imputatio juris konsequent durchgeführt, nicht nur bis zur Körperbewegung, sondern bis zum Willen hinauf!

V.

Soll die Handlung den obersten Begriff des Systems bilden, so muſs sie die Unterlassung umfassen. Dennoch hat in der bisher dargestellten Entwicklung der Begriff der Unterlassung auf den Handlungsbegriff keinen Einfluſs gewonnen. Der Begriff der Handlung im weiteren Sinne ist nichts als der Begriff der positiven Handlung, der Handlung im engern Sinne, und auch in der Unterlassung suchte man eine positive Handlung, ein Andershandeln, ein vorausgehendes Handeln, die Unterdrückung eines Tätigkeitsreizes, nachzuweisen. Bisher war die Dogmengeschichte des Begriffes der Handlung im weiteren Sinne die des Begriffes der positiven Handlung. Erst als man entschlossen von dem fruchtlosen Bemühen abläſst, die Unterlassung als positive Handlung nachzuweisen, sie aus sich selbst heraus zu begreifen sucht und der positiven Handlung als ein andersartiges Gebilde gegenüberstellt, tritt sie, den allgemeinen Handlungsbegriff mitbestimmend, als aktiver Faktor in seine Dogmengeschichte ein. Da sich diese entscheidende Wendung in der Auffassung der Unterlassung innerhalb

[1]) Der gleichen Ansicht wohl Max Berner, Ne bis in idem. 1891. S. 56, 72.

der letztbetrachteten, dritten Periode der Dogmengeschichte des Handlungsbegriffes vollzogen hat, ist hier der Ort zu prüfen, wie sich der bisher gewonnene Handlungsbegriff an der Unterlassung bewähre.

Dreierlei gehört, so sahen wir, zur Handlung: Wille, Tat und Kausalität zwischen beiden.

Dafs *Kausalität* zwischen dem Ausbleiben einer Körperbewegung und einem positiven Ereignisse nicht vorliegen kann, haben andere zur Genüge nachgewiesen; ich habe ihren Argumenten nichts hinzuzufügen. Unbeachtet pflegt dagegen zu bleiben, dafs auch zwischen dem Willen, eine Körperbewegung zu unterlassen, und dem Unterbleiben dieser Körperbewegung ein Kausalzusammenhang nicht angenommen werden kann. Und doch folgt dies aus den gleichen Prämissen wie jenes. Wie *aus* nichts nichts werden kann, kann auch nichts *zu* nichte werden. Die Kausalität verknüpft Veränderung mit Veränderung, der Nichteintritt einer Veränderung kann also Wirkung ebensowenig wie Ursache sein. Ebensowenig wie *das* Unterbleiben einer Unterlassung für ein Ereignis kausal werden kann, ebensowenig kann *für* dieses Unterbleiben einer Körperbewegung ein Ereignis kausal sein. Nicht nur zwischen dem körperlichen Verhalten und dem Erfolge, sondern auch zwischen dem Wollen und dem körperlichen Verhalten fehlt der Kausalzusammenhang, *es fehlt also der Kausalzusammenhang zwischen Wille und Tat.*

Aber es braucht überhaupt ein *Wille*, die Körperbewegung zu unterlassen, nicht vorzuliegen.

Auf *Zitelmann*scher Grundlage läfst er sich sogar nur in den seltensten Fällen nachweisen. Ein Willensakt in *Zitelmanns* Sinne, eine psychische Ursache, durch welche motorische Nerven unmittelbar erregt werden, liegt bei der Unterlassung nur dann vor, wenn ein bereits an die Nerven abgegebener reflexiver oder spontaner Impuls oder ein auf die Muskeln wirkender mechanischer oder physiologischer Zwang gehemmt werden mufs. Zitelmann [1]) und mit ihm Bünger [2]) nehmen freilich an, das sei stets der Fall; aber dafür fehlt jeglicher Grund.

Dafs desgleichen bei v. Liszt das Willensmoment bei der Unterlassung jeglicher Klarstellung entbehrt, hat bereits Liepmann [3]) nachgewiesen. v. Liszt bezeichnet die Unterlassung zwar als Willensbetätigung, da er unter Wille aber nur den Willensimpuls verstehen will und ein solcher bei der Unterlassung nur in den angegebenen seltenen Fällen gegeben ist, erhellt nicht, wie jene Bezeichnung sich rechtfertige.

Sowohl bei Zitelmann wie bei v. Liszt folgt aber dieses Manko ihres Willensbegriffes streng logisch aus der Art, wie sie ihn gewonnen haben. Wer den Willensbegriff lediglich dadurch gewinnen will, dafs er die Kausalkette vom Erfolge aus aufwärts verfolgt, die Kausalität der Unterlassung aber leugnet, kann auf seinem Wege niemals einer Unterlassung und folgeweise niemals dem Willen zu einer Unterlassung begegnen, zu einem auf die Unterlassung passenden Willensbegriff also nicht gelangen. Nicht grundlos hat also Zitelmann [4]) die Unterlassung von seiner Untersuchung ausgeschlossen: seine Methode war für sie nicht geschaffen. Aber sowohl

---

[1]) S. 62.
[2]) Z. VI. S. 331, 332.
[3]) Einleitg. S. 28, 29.
[4]) S. 31.

Landsberg[1]), der im übrigen an Zitelmann anschliefst, jedoch die Kausalität der Unterlassung anerkennt, wie wir, die wir zwar die Kausalität der Unterlassung verwerfen, aber auch den Willen nicht lediglich an der Hand der Kausalität von der Aufsenwelt aus, sondern auch aus der Selbstbeobachtung kennen, können zu einem auch auf Unterlassungen anwendbaren Willensbegriff gelangen.

Wenn somit auch eine Unterlassung (wenn auch nicht durch den Willen verursacht, so doch) gewollt sein kann, so braucht sie andererseits aber nicht begriffsnotwendig gewollt zu sein.

Ebensowenig wie ein Willensakt bejahenden Inhalts, kann auch ein solcher verneinenden Inhalts unbewufst sein. Um die Ausführung einer Körperbewegung durch Willensentschlufs ablehnen zu können, mufs man sie sich zunächst einmal vorgestellt haben. Die Vorstellung, die Körperbewegung zum Zwecke der Verhinderung des strafbaren Erfolges vornehmen zu können, mufs aber nur beim vorsätzlichen Handeln aufgetaucht sein. Beim fahrlässigen Handeln kann zwar ebenfalls die Vorstellung, die Körperbewegung, sei es zur Verhinderung des strafbaren Erfolges, sei es zu anderem Zwecke, vorzunehmen, aufgestiegen sein — dann ist das Unterbleiben der Körperbewegung gewollt — sie braucht aber nicht aufgestiegen zu sein.[2])

---

[1]) „Willensakt ist die psychische Ursache, durch welche das Verhalten motorischer Nerven unmittelbar bestimmt wird.“ (S. 137.)

[2]) Über diesen Punkt handeln eingehend Bünger, Z. VI. S. 330/331. Hauser, GS. 54. S 39—41. Kitzinger, Ort und Zeit der Handlung. S. 110—118. Kuhlenbeck, Schuldbegriff. S. 68—77. Landsberg, Kommissivdelikte durch Unterlassung. S. 118—157. Schlofsmann, Vertrag. S. 323, 324. Sturm, Verschuldung. S. 44/45. Den Schlufs, dafs ungewollte fahrlässige Unterlassungen aus dem Handlungsbegriffe herausfallen, ziehen Bünger, Kitzinger, Schlofsmann, Sturm.

Landsberg hat sie auch in den letzten Fällen als gewollt zu erweisen gesucht durch den Nachweis, daſs jedes von Menschen ohne äuſseren oder inneren Zwang bei vollem gesunden Bewuſstsein eingeschlagene körperliche Verhalten seinem Willen entspringe, gewollt sei.[1] [2]) Mag man ihm nun aber auch zugeben, auch die körperliche Bewegungslosigkeit sei stets gewollt, weil immer irgend ein Anreiz zur Bewegung auftrete — so ist doch dieser Beweis völlig unerheblich. Wenn die Unterlassung dasselbe wäre wie körperliche Bewegungslosigkeit, dann freilich träfe Landsberg ins Schwarze. Aber — es kann nicht oft genug wiederholt werden — unterlassen ist ein transitives Zeitwort, sagt v. Liszt, es bedeutet nicht nichts tun, sondern etwas nicht tun. Man braucht nicht nichts zu tun, man braucht nur etwas anderes zu tun als das Gebotene, um einer Unterlassung schuldig zu sein, und völlig gleich wertlos, wie der Nachweis, daſs der Täter etwas anderes tun wollte als das Gebotene, für die Frage ist, ob der Täter das Gebotene nicht tun wollte, ist es auch der Nachweis, daſs er nichts tun wollte. Freilich könnte man einwenden, daſs, wer nichts oder etwas anderes tun wolle als dieses, damit auch dieses nicht wolle. Das ist richtig, aber nichtssagend, so lange man mit dem Nicht-Wollen einfach das Wollen verneinen will (non velle). Erheblich, aber falsch ist es, sobald unter dem Nicht-Wollen ein verneinendes Wollen (nolle) verstanden werden soll. Denn zu einem verneinenden Willensentschluſs gehört die Vorstellung des zu Verneinenden; daſs aber jeder, der nichts oder etwas tut, sich zugleich alles, was er statt dessen tun

---

[1]) S. 156.

[2]) Ebenso P. Merkel, Begehung durch Unterlassung. S. 40—42.

könnte, vorstellt und sich dagegen entscheidet, wird niemand mit Landsberg [1]) behaupten wollen.

Auf andere Weise sucht Eltzbacher [2]) auch für die angeführten Fälle der fahrlässigen Unterlassung, wenn auch nicht das Wollen, so doch das Vorhandensein überhaupt irgend einer seelischen Tatsache zu retten: „in ihr kommt so gut, wie in der vorsätzlichen Unterlassung das Wesen des Menschen zum Ausdruck.“ Er nimmt deshalb eine Handlung dort an, „wo ein äufserer Erfolg durch eine bei einem Menschen gegebene seelische Tatsache in voraussehbarer Weise herbeigeführt ist“. Zu schweigen davon, dafs, wie gezeigt, eine etwa bei der Unterlassung gegebene seelische Tatsache den äufseren Erfolg nicht herbeiführen kann, ist jedenfalls damit, dafs in der fahrlässigen Unterlassung das Wesen des Menschen zum Ausdruck kommt, noch nicht nachgewiesen, dafs sie in einer seelischen Tatsache ihren Ursprung habe: eben darin, dafs gewisse seelische Tatsachen — Vorsicht und Voraussicht — nicht vorliegen, kommt bei der Fahrlässigkeit das Wesen des Menschen zum Ausdruck. Und weiter ist diese angebliche seelische Tatsache ein Spezifikum der fahrlässigen Unterlassung, wir aber wollen gerade die Schuldfrage von der Frage nach der Handlung und der Unterlassung fernhalten. Für die schuldlose Rechtsverletzung durch ungewollte Unterlassung braucht aber nach Eltzbachers eigenem Zugeständnis [3]) keinerlei seelische Ursache vorhanden zu sein.

Es bleibt also dabei, dafs dem Begriffe der Unterlassung eine seelische Beteiligung des

---

[1]) S. 146, 153.

[2]) Vgl. Handlungsfähigkeit I. 1903. S. 80, 82.

[3]) S. 263.

Unterlassenden, insbesondere ein Wollen, nicht wesentlich ist.[1])

Und schliesslich ist auch das Vorhandensein einer Tat bei der Unterlassung zu leugnen. Tat ist für uns das körperliche Verhalten des Täters im Kausalzusammenhange mit dem Erfolge. Das kann nun natürlich nicht geleugnet werden, dass der Täter, während er die ihm obliegende Handlung unterläst, sich körperlich irgendwie verhält, nichts oder etwas anderes tut. Geleugnet werden soll nur, dass dieses Verhalten, etwa als ihre äussere Seite, zum Begriffe der Unterlassung gehöre.[2]) Bei der echten Unterlassung ist der Täter strafbar, nicht weil er eine andere Körperbewegung als die gebotene oder überhaupt keine Körperbewegung vollzog, sondern allein, weil er die gebotene Körperbewegung nicht vollzog, und bei den unechten Unterlassungsdelikten ist der Erfolg zurückzuführen nicht auf die anderweiten Körperbewegungen oder die völlige Bewegungslosigkeit des Täters, sondern allein auf die Nichtvornahme der gebotenen Körperbewegung.

Aber dürfen wir hier überhaupt von einem Erfolge reden? Auf die Tatsache, dass der Täter die gebotene Körperbewegung nicht vollzog, ist ja nicht die wirklich eingetretene Rechtsgüterverletzung oder Gefährdung zurückzuführen, sondern nur der Umstand, dass die Rechtsgüter nicht unverletzt oder ungefährdet geblieben

---

[1]) An diesem Fehlen jeder psychologischen Seite bei der Unterlassung scheitern diejenigen Theorien, die darauf abstellen, dass die Unterlassung psychologisch betrachtet nichts anderes sei als die Handlung. (Sigwart, Haupt, Landsberg, P. Merkel.)

[2]) A. M. P. Merkel, Begehung durch Unterlassung. S. 10: „Zu dem allgemeinen Begriff ‚Unterlassung' gehören allerdings diese Vorgänge nicht, aber zu dem in der Unterlassung enthaltenen Begriff ‚Verhalten'."

sind. Was wirklich eingetreten ist, ist also nicht ihr Erfolg, sie sagt vielmehr nur aus, dafs der entgegengesetzte Erfolg nicht eingetreten ist, oder, um es paradox auszudrücken: Der Erfolg der Unterlassung ist, dafs sie keinen hat. Zur Unterlassung gehört also auch weder ein körperliches Verhalten noch ein Erfolg, geschweige denn ein Kausalzusammenhang zwischen beiden, das heifst: zur Unterlassung gehört auch keine Tat.

Ist also der Unterlassung Kausalität des Willens für die Tat nicht wesentlich, so kann sie dem Begriffe der Handlung, den wir ermittelt haben, und ist ihr weder Wille noch Tat wesentlich, so kann sie überhaupt einem Handlungsbegriff nicht unterstellt werden. Fragt sich nun, ob sie sich zusammen mit diesem Handlungsbegriffe (den wir als Begriff der positiven Handlung festhalten) einem dritten Oberbegriff untergeordnet werden könne.

Es ist von verschiedenen Seiten[1]) der Begriff des Verhaltens in Vorschlag gebracht, freilich ohne dafs uns von den Antragstellern zugleich eine Definition des Verhaltens vorgelegt würde. Von zwei andern Schriftstellern liegen aber solche Definitionen vor. Eltzbacher[2]) bestimmt das menschliche Verhalten als „eine Tatsache des menschlichen Seelenlebens allein oder in Verbindung mit andern von ihr abhängigen Tatsachen". Wir sahen aber bereits, dafs zur Unterlassung eine Tatsache des menschlichen Seelenlebens nicht gehöre: dieser Verhaltensbegriff ist mithin zu eng. Weiter bestimmt ihn Landsberg[3]) als „das Irgendwie-Beschaffensein eines

---

[1]) Vgl. Bierling, Juristische Prinzipienlehre II. S. 55. Kitzinger, Ort und Zeit der Hdlg. S. 113. Frank, Str.GB. 3. u. 4. A. § 1 II 1. Bierling bezeichnet den Begriff des Verhaltens selbst als „etwas vag".

[2]) Handlungsfähigkeit I. S. 83.

[3]) Kommissivdelikte. S. 25.

Menschen an einem bestimmten Ort und zu einer bestimmten Zeit" und fügt hinzu, daſs dieser Begriff „keinerlei Ansatz zu einer Aussage darüber enthalte, ob das Verhalten ein gewolltes oder nicht gewolltes, dem Menschen bewuſstes oder nicht bewuſstes, äuſseres oder inneres oder äuſseres und inneres gleichzeitig ist". Während also nach Eltzbacher das Verhalten nur ein inneres oder ein inneres und äuſseres sein kann, kann es nach Landsberg auch ein rein äuſseres sein. Aber auch sein Verhaltensbegriff ist zu eng für die Unterlassung. Zur Unterlassung gehört nicht nur kein Wille, sondern, wir sahen es schon, auch keine Tat. Sie ist nicht ein Irgendwie-, sondern lediglich ein Nicht-So-Beschaffensein.

Damit kommen wir auf den springenden Punkt. Man könnte einwenden, ein Nicht-So-Beschaffensein sei doch gleichbedeutend mit einem Anders-, also auch einem Irgendwie-Beschaffensein. Wer das täte, hielte sich nicht innerhalb des Begriffes der Unterlassung. Daſs der Täter, während er eines unterläſst, ein anderes oder gar nichts tut, sagt uns zwar die Erfahrung, aber der Begriff der Unterlassung erschöpft sich durchaus in der Negation, einer bestimmten Handlung, er bejaht weder eine andere Handlung noch verneint er jegliche Handlung überhaupt. Dadurch, daſs man schlechthin von Unterlassungen zu reden und sie den Handlungen gegenüberzustellen pflegt, hat sich mit dem Worte schwer trennbar das Bild der körperlichen Bewegungslosigkeit assoziiert, ist der Anschein erweckt worden, als sei auch sie ein sich sichtbar in der Auſsenwelt abspielender Vorgang, während sie doch in der Tat und Wahrheit eine Existenz nur in der Gedankenwelt des Menschen hat. Man sollte nicht von Unterlassung schlechthin, sondern immer nur von Unterlassung einer Handlung reden.

Die Unterlassung hat also nicht nur die Merkmale Wille, Tat und Kausalität zwischen beiden nicht mit der Handlung gemein, sie erschöpft sich vielmehr gerade darin, sie zu verneinen. Besäſse sie an Stelle jener Merkmale andere positive Merkmale, so wäre noch Hoffnung, sie mit der Handlung unter einen Hut zu bringen. So aber lassen sich, so wahr man nicht Position und Negation, a und non-a unter einen Oberbegriff bringen kann, auch Handlung und Unterlassung nicht unter einen solchen zusammenbiegen, er nenne sich nun Handlung im weiteren Sinne, menschliches Verhalten oder, wie immer sonst!

Man könnte nun einwenden: Hat nicht doch die Unterlassung positive Merkmale mit der Handlung gemein? Setzen nicht beide ein vom Zwange freies menschliches Subjekt voraus? Und kann man aus diesen Merkmalen nicht einen Oberbegriff für beide schaffen?[1]) Man mache diesen Versuch! Ein von einem vom Zwange freien menschlichen Subjekt ausgehendes — wie nun aber weiter? Welches Substantiv sollen wir diesen Attributen hinzufügen? Verhalten? Handlung? Man sieht: wir sind so klug als wie zuvor!

Welche Bewandtnis hat es nun aber mit jenen beiden angeblichen gemeinsamen Merkmalen der Handlung und der Unterlassung? Wären sie wirklich ihre Merkmale, so müſste sich aus ihnen auch ein Oberbegriff für sie

---

[1]) Frank, Str.GB. 2. A, 1901. § 1 III: „Der Begriff der Handlung setzt Freiheit von äuſserem Zwange voraus ... Ob sich im übrigen der Handlungsbegriff in einheitlicher Weise positiv bestimmen läſst, ist zweifelhaft."

schmieden lassen. Sie sind es also nicht. Das Handeln ist ein Zeitwort, lediglich ein Prädikat, das eines Subjektes bedarf, und dieses Subjekt ist nicht ein analytisch aus ihm zu entnehmendes Merkmal, es tritt synthetisch ihm hinzu. Der kontradiktorische Gegensatz eines Zeitworts mufs aber wiederum ein bestimmtes Zeitwort sein und auch es hat ein bestimmtes Subjekt nicht zum Merkmal, es verneint nur das Prädikat, nicht auch das Subjekt. Das Unterlassen kann also allen Merkmalen nach die Negation des Handelns sein und doch mit ihm sein Subjekt gemein haben: das Subjekt eines Zeitworts ist nicht sein Merkmal. Wie steht es nun aber mit der Freiheit vom Zwang? Auch sie ist nicht Merkmal der Handlung, sondern nur tatsächliche Voraussetzung seines Vorliegens im Einzelfalle. Seit der Überwindung des ontologischen Gottesbeweises wissen wir es ja, dafs nicht Merkmal eines Begriffs ist die reale Existenz ihm unterfallender Erscheinungen und mithin auch nicht die Voraussetzungen, die Möglichkeit ihrer Existenz. Das Unterbleiben einer Körperbewegung interessiert nun den Kriminalisten nur im Falle der Möglichkeit der gebotenen Handlung. Unterlassung ist nicht Nichtvorliegen einer Handlung, es ist Nichtvorliegen einer Handlung in irgend einem Subjekte, Nichtvornahme der Handlung, und sie ist nicht Nichtvornahme der Handlung schlechthin, sondern Nichtvornahme der Handlung trotz der physischen Möglichkeit zu handeln. Diese Möglichkeit ist also ein Merkmal der Unterlassung, aber nicht eines, das sie mit der Handlung gemein hätte: Merkmal des Handlungsbegriffes ist nicht die Möglichkeit konkreter Handlungen.

Wir dürfen also unsern obigen Satz wiederholen: So wahr ein Begriff und sein kontradiktorisches

Gegenteil, so wahr Position und Negation, a und non-a nicht einem gemeinschaftlichen Oberbegriff unterstellt zu werden vermögen: so wahr müssen auch Handlung und Unterlassung unverbunden nebeneinander stehen.

Nur Schlofsmann und R. Loening[1]) haben diese Konsequenz bisher zu ziehen gewagt, und nicht ohne Grund hat man sie gescheut:

Ein Bedenken wird aus dem Wortlaute unserer Gesetze hergeleitet. Sie sollen unter töten usw. verstehen: den Tod verursachen und nicht: den Nichteintritt des Todes nicht verursachen. Können wir also nicht daran festhalten, dafs man auch durch eine Unterlassung den Tod verursachen könne, lassen wir den Begriff der Kommissivdelikte durch Unterlassung fallen und anerkennen wir neben den Kommissiv- nur noch Omissivdelikte, so verbietet uns der § 2 Str.G.B.s im Falle der rechtswidrigen Nichtverursachung des Nichteintritts des Todes zu strafen.[2])

Ich halte diesen Einwand für hinfällig. Wenn das Gesetz unter töten die Verursachung des Todes versteht, unter Verursachung des Todes aber auch zweifellos die rechtswidrige Nichtverursachung seines Nichteintritts einbegriffen wissen will, so hat bei ihm die Verursachung des Todes einen anderen Sinn als bei uns, und wir werden, wenn auch nicht dem Wortlaute, so doch dem Sinn des Gesetzes gerecht, wenn wir, obgleich eine

---

[1]) Schlofsmann, Vertrag. 1876. S. 313—324. R. Loening, Grundrifs. 1885. u. Verantw. Redakteur. 1889. S. 135—137. Loenings Ansicht folgt Boyé, Kommissivdelikt durch Unterlassg., Erlanger Diss. 1893.

[2]) So Landsberg, Kommissivdelikte durch Unterlassg. S. 37—39. P. Merkel, Begehung durch Unterlassg. S. 18/19. Kitzinger, Ort und Zeit der Handlung. S. 134.

Verursachung in unserem Sinne nicht vorliegt, auch im Falle der Nichtverursachung des Nichteintritts des Todes strafen. Nicht nach dem Buchstaben, sondern nach dem Sinne des Gesetzes ist aber zu interpretieren; die Terminologie des Gesetzes durch eine andere zu ersetzen, steht der Wissenschaft zweifellos frei.

Weit ernster ist ein anderes Bedenken: Die Handlung i. w. S. war der oberste Begriff des Systems, alle übrigen Begriffe waren nur Prädikate, die ihm als dem Subjekte beigelegt wurden. Er ist jetzt in zwei unverbundene Begriffe, Handlung und Unterlassung zerfallen, und damit wird es nötig, auch jeden andern Begriff des Systems doppelt zu betrachten, als Prädikat der Handlung und als Prädikat der Unterlassung. Das System ist von oben bis unten in zwei Teile zerrissen, die nur der formelle Begriff des Verbrechens, als des Tatbestandes, an welchen die Rechtsordnung die Strafe als Rechtsfolge knüpft, noch miteinander verbindet. Gleich unterhalb desselben beginnt der Riſs: ein einheitlicher materieller Verbrechensbegriff läſst sich schon nicht mehr aufstellen, das Verbrechen muſs inhaltlich definiert werden als die schuldhafte rechtswidrige strafbare Handlung oder Unterlassung, und dieser Spalt zieht sich fort bis in die untersten, feinsten Verzweigungen des Systems: kein Begriff, der nicht in doppelter Beziehung zu betrachten wäre! [1]) Doch darf nur dies Bedenken nach Landsbergs schönem Worte [2]) nicht verdrieſsen: „Mag damit zunächst die Einheit und Geschlossenheit des Systems verloren gehen, weder können uns solche Ergebnisse hindern, das, was einmal als geboten erkannt ist, vorzunehmen,

---

[1]) Vgl. v. Liszt, Lehrb. 3. A. S. 123/124.

[2]) Kommissivdelikte. S. 4.

noch vermag man uns die sichere Zuversicht zu rauben, dafs schliefslich auch dieses neue Doppelsystem, wenn schon vielleicht erst nach vielfachem schweren Ringen, wird von der Wissenschaft überwunden und zu höherer Einheit und Geschlossenheit zurückgeführt werden können (?). Einem blofs systematischen Bedürfnisse zu folgen, ist eben nie Notwendigkeit, höchstens Nutzen; läfst sich der Gewinn, das alte System beibehalten zu können, nur auf Kosten der Aufrichtigkeit oder Folgerichtigkeit erzielen, so ist es aufzugeben."

Loening hat nicht nur die Unvereinbarkeit von Handlung und Unterlassung nachgewiesen, er hat uns auch ein nach diesem Grundsatze ausgeführtes System vorgelegt; in dessen Darstellung und Kritik haben deshalb diese Betrachtungen auszuklingen.

Loening behandelt die Lehre vom Verbrechen (soweit sie hier interessiert) ganz wie v. Liszt in drei aufeinander folgenden Abschnitten, die Handlung, die Rechtswidrigkeit und die Verschuldung betreffend. Im Texte [1]) dieser Abschnitte wird zwar die Rechtsverletzung als eine Qualität der Handlung, die Verschuldung als die Vermeidbarkeit der rechtswidrigen Handlung bezeichnet und somit anerkannt, dafs auch hier jedes folgende Glied des Systems zum voraufgegangenen im Verhältnis der Subsumtion stehe. In den Überschriften werden dagegen (wie von Köstlin und Hälschner) die Handlung als die Form des Verbrechens, die Rechtswidrigkeit als sein Inhalt und (völlig eigenartig) die Schuld als sein Ursprung bezeichnet, diese drei Begriffe also nur auf das Verbrechen, nicht aber aufeinander bezogen. Ich habe mich bereits darüber ausgelassen, dafs eine derartige Einteilung

---

[1]) S. 18, 22.

einen Abschnitt bedinge, in dem die Merkmale des Verbrechens zu einander in Beziehung gesetzt werden. Ein solcher fehlt auch hier.

In seinem ersten, das Verbrechen als Handlung betreffenden Abschnitte führt Loening merkwürdigerweise die Diremption von Handlung und Unterlassung nicht durch. Er bezeichnet hier als Handlung das, was wir nach unserer Terminologie Tat nennen müssen: das äuſsere physische Verhalten des Subjekts, nimmt ein solches bei dem aktiven Verhalten (der Handlung i. e. S.) und dem passiven Verhalten (der Unterlassung) in gleicher Weise an und findet es bei dem ersteren in einer Bewegung, bei dem letzteren in einer Nicht-Bewegung. Soll unter Nicht-Bewegung Bewegungslosigkeit verstanden werden, so ist die Behauptung, dass sie zur Unterlassung notwendig sei, ersichtlich falsch: man braucht sich, während man das Gebotene unterlässt, nicht ruhig zu verhalten, sondern kann auch etwas anderes tun. Wird aber unter Nicht-Bewegung mit Recht nur die Nichtvornahme einer bestimmten Bewegung verstanden, so ist sie kein äuſseres physisches Verhalten, sondern nur die Negation eines bestimmten äuſseren physischen Verhaltens, die — es wurde genugsam auseinandergesetzt — zwar tatsächlich, aber durchaus nicht begrifflich mit dem Vorhandensein eines anderen äuſseren physischen Verhaltens zusammenfällt. Es wäre also schon hier resolut zu trennen gewesen: kein Oberbegriff für Handlung i. e. S. und Unterlassung! Die Handlung in Loenings, Tat in unserem Sinne, das äuſsere physische Verhalten wäre allein der Handlung i. e. S. zuzusprechen gewesen, nicht auch der Unterlassung. Und damit wäre ein Weiteres gewonnen.

Normalerweise muſs die Zurückführung des Erfolges

auf den Willen (bei der Handlung i. e. S.) einer-, Vorsatz und Fahrlässigkeit andererseits in sich geschlossene Abschnitte bilden. Statt dessen bricht Loening die Zurückführung des Erfolges auf den Willen in der Mitte ab, behandelt in seinem Handlungsabschnitt allein die Zurückführung auf die Körperbewegung und verweist die Erwähnung des anderen Stückes der Kausalkette, des Zusammenhanges zwischen Körperbewegung und Wille zusammen mit Vorsatz und Fahrlässigkeit, aber ohne jeden organischen Zusammenhang mit ihnen, in die Schuldlehre, mufs als Gegenstück dazu dort auch erörtern, dafs zur Unterlassung ein Wollen nicht notwendig, nur Freiheit von äufserem Zwange erforderlich sei, und gelangt so, während Vorsatz und Fahrlässigkeit eine doppelte Erörterung für die Handlung und für die Unterlassung nicht gefordert hätten, zu einer komplizierten Einteilung der Schuldlehre in vier Felder: Schuld bei Begehungs-, Schuld bei Unterlassungsdelikten, Vorsatz und Fahrlässigkeit (je für Begehungs- und Unterlassungsdelikte gemeinsam).

Diese Zerreifsung von Zusammengehörigem und Zusammenballung von Disparatem beruht aber ersichtlich auf dem bereits gerügten Fehler Loenings, nicht nur bei der Handlung i. e. S., sondern auch bei der Unterlassung ein äufseres physisches Verhalten anzunehmen. Um dieses als ihren gemeinsamen Oberbegriff behandeln zu können, kann er es nicht mit dem Willen in Verbindung bringen, den er mit Recht nur für die Handlung, nicht auch für die Unterlassung für erforderlich hält. Sobald aber die Tat aufhört, Oberbegriff für die Handlung i. e. S. und für die Unterlassung sein zu wollen und nur der Handlung i. e. S. anzugehören beansprucht, kann sie den Willen in seiner ursächlichen Funktion aus der Schuldlehre an sich ziehen und sich mit ihm zur Handlung zusammenschliefsen. Zugleich wird die Freiheit von äufserem Zwange aus der Schuldlehre unter die der Handlung parallellaufende Rubrik der Unterlassung treten, so dafs in der Schuldlehre Vorsatz und Fahrlässigkeit allein zurückbleiben.

So würde Loenings System zugleich an Folgerichtigkeit und an Übersichtlichkeit gewinnen.

Herrosé & Ziemsen, Wittenberg.

FSC
www.fsc.org
MIX
Papier | Fördert gute Waldnutzung
FSC® C083411

Kolibri 360 GmbH
Ferdinand-Jühlke-Straße 7
99095 Erfurt, Deutschland
produktsicherheit@kolibri360.de